Muskel-
zelle

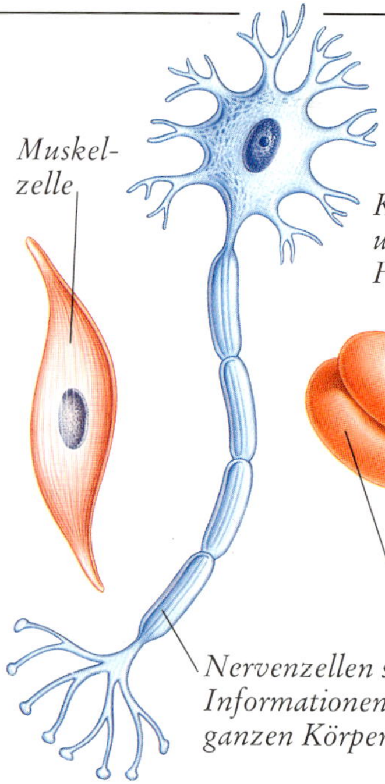

Körperzellen haben unterschiedliche Formen und Größen.

Liebe entsteht im Gehirn, nicht im Herzen!

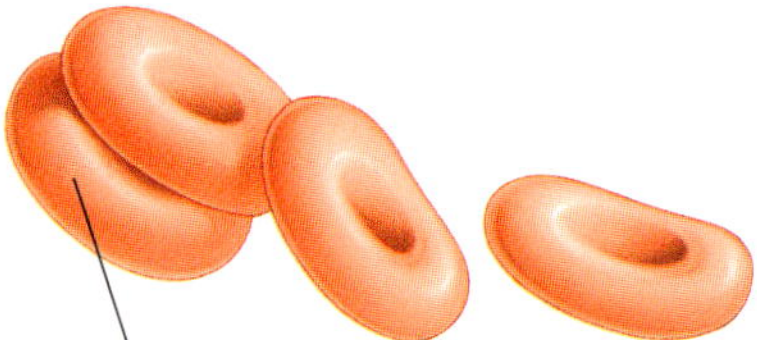

Du hast etwa 30 Millionen rote Blutkörperchen.

Nervenzellen schicken Informationen durch den ganzen Körper.

Energie aus den Nahrungsmitteln wird in Kalorien gemessen.

Das Elektrokardiogramm (EKG) zeigt dir deinen Herzschlag.

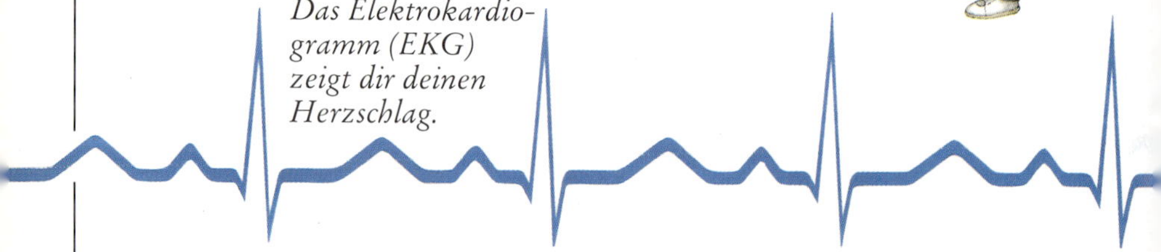

Dein Körper besteht zu zwei Dritteln aus Wasser.

Die Farben der Augen entstehen durch Melanin.

NATURFÜHRER
FÜR KINDER

Mein Körper

STEVE PARKER

Saatkorn-Verlag

EIN DORLING KINDERSLEY BUCH

Titel der englischen Originalausgabe:
Eyewitness Explorers, Human Body

2. Auflage 1995
Lizenzausgabe: 1994 Saatkorn-Verlag, Lüneburg
ISBN 3-8150-0932-4

Aus dem Englischen von Eva Weyandt
Fachwissenschaftliche Beratung: Ina Pappe
Umschlagtypografie: Olaf Johannson
Satz: Typostudio Rücker & Schmidt
Printed in Italy

Wissenschaftlich fundiert und kindgerecht aufbereitet,
bietet diese Naturführer-Reihe ihrem jungen Leserpublikum
einen informativen und spannenden Einblick
in das faszinierende Wunder der Schöpfung.

Inhalt

Dein Körper

Wieviele Maschinen würde man für die verschiedenen Aufgaben der einzelnen Körperteile brauchen? Der Mensch kann laufen und springen, rechnen, sich selbst ernähren und heilen, lachen und weinen. Es ist faszinierend, den eigenen Körper zu erforschen, und einfach ist es auch – jeder hat einen.

Lerne dich selbst kennen

Dein Körper ist so interessant, daß man gar nicht weiß, wo man beginnen soll. Wie wär's mit der Haut? Sieh dir deine Haut unter einem Vergrößerungsglas an. Ist sie überall gleich?

Die Haut auf den Fingern hat kleine Falten.

Die Haut auf der Handoberseite ist dunkler als die der Handinnenseite.

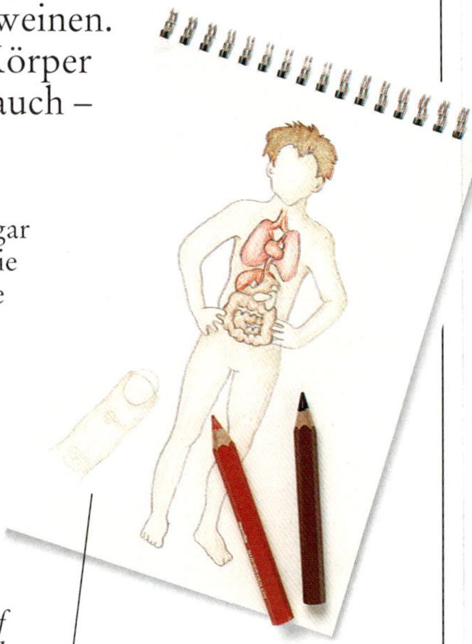

Schreibe und male alles, was du herausgefunden hast, auf einen Notizblock.

Manche Menschen sind größer, andere kleiner.

Es gibt ganz unterschiedliche Hautfarben.

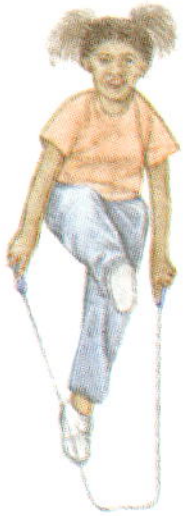

Formen und Größen

Warum sieht jeder Mensch anders aus? Unser Aussehen wird bestimmt von der Größe, der Haarfarbe, der Form der Augen, Nase und Lippen und der Art, wie wir gehen und sprechen.

Entstehung des Menschen

Die meisten Wissenschaftler sind der Meinung, der Mensch habe sich im Laufe der Zeit aus einem affenähnlichen Tier entwickelt. Doch die Bibel sagt uns, daß Gott den Menschen geschaffen hat.

Der Mensch von innen

Du weißt, wie deine Freunde von außen aussehen. Aber weißt du auch, was sich unter der Haut verbirgt? Entwirf eine Karte des Körpers und finde es heraus. Du brauchst einen Freund, ein großes Stück Papier und Malstifte.

Bitte um Erlaubnis, bevor du irgend etwas an die Wand heftest!

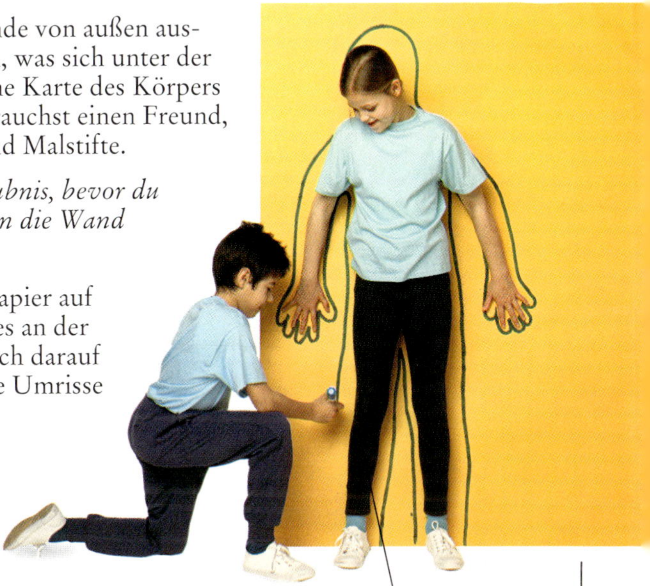

1. Lege ein großes Stück Papier auf den Boden oder befestige es an der Wand. Dein Freund soll sich darauf legen, und du zeichnest die Umrisse seines Körpers.

2. Zeichne nun Herz, Lunge und Magen ein. Sieh im Buch nach, ob du richtig gezeichnet hast. Sind alle Organe dort, wo du sie vermutet hast?

Enge Kleidung läßt die Umrisse deutlicher werden.

Einige Menschen sind breit gebaut, andere schmal.

Babys haben einen großen Kopf im Vergleich zu ihrem kleinen Körper.

Was bin ich?

Hast du dich schon einmal gefragt, was sich wohl unter deiner Haut verbirgt? Organe! Die Haut, die Muskeln, dein Herz, die Lunge und das Gehirn sind alles Organe. Jedes Organ besteht aus vielen Millionen winzigen lebenden Teilen, den Zellen.

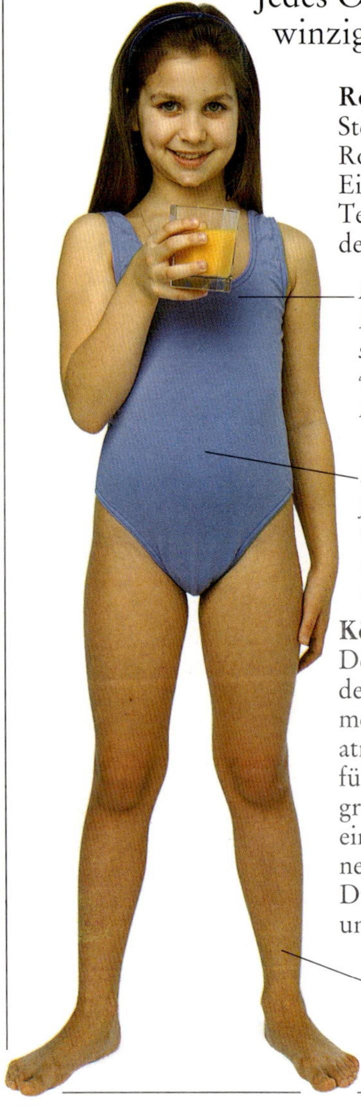

Roboter

Stell dir deinen Körper als Roboter vor, der aus vielen Einzelteilen besteht. Jedes Teilchen trägt dazu bei, daß der Roboter funktioniert.

Das Gehirn arbeitet wie ein Computer.

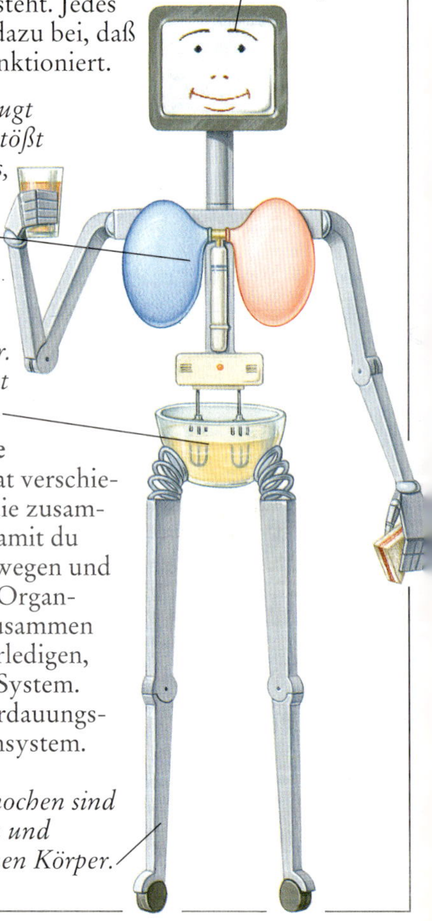

Die Lunge saugt Luft an und stößt sie wieder aus, wie ein Blasebalg.

Der Magen funktioniert wie ein Mixer. Er verarbeitet die Nahrung.

Körpersysteme

Dein Körper hat verschiedene Organe, die zusammenarbeiten, damit du atmen, dich bewegen und fühlen kannst. Organgruppen, die zusammen eine Aufgabe erledigen, nennt man ein System. Du hast ein Verdauungs- und ein Nervensystem.

Die Beinknochen sind wie Stelzen und tragen deinen Körper.

Dicht gedrängt
Etwa zehn Hauptorgane befinden sich in deinem Rumpf. Im Oberkörper liegen Herz und Lunge, im unteren Teil das Verdauungssystem – der Magen, die Leber und die Gedärme.

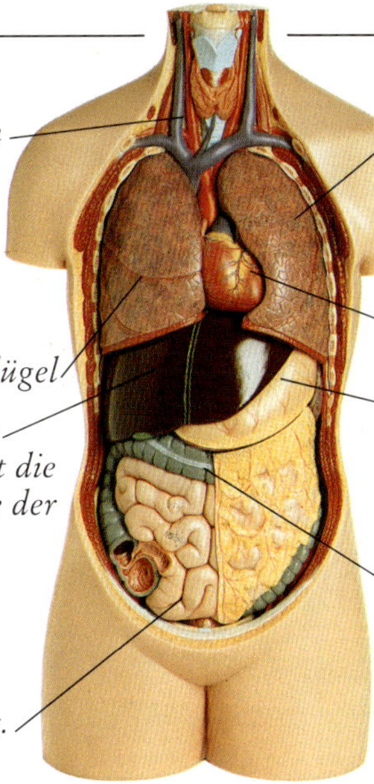

Durch die Blutbahnen gelangt das Blut in den Körper.

Die Lunge nimmt Sauerstoff aus der Luft auf.

Herz

Rechter Lungenflügel

Der Magen verarbeitet Essen und Trinken.

Die Leber verarbeitet die Nährstoffe der verdauten Nahrung.

Im Dünndarm werden die Nährstoffe aus der Nahrung gezogen.

Der Dickdarm verarbeitet die Reste der Nahrung.

Rote Blutkörperchen versorgen den Körper mit Sauerstoff. Sie sehen aus wie kleine eingedellte Scheiben.

Zellenvielfalt
Die Zellen, aus denen dein Körper besteht, sind so klein, daß 200 auf einen kleinen Punkt passen. Es gibt viele verschiedene Zellen, die jeweils eine andere Aufgabe haben.

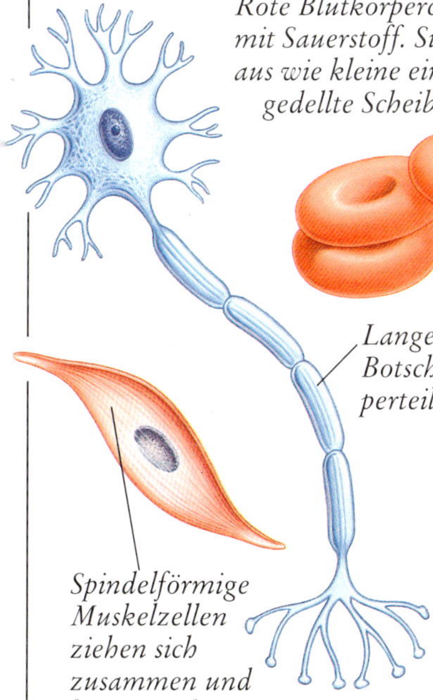

Lange Nervenzellen schicken Botschaften von einem Körperteil zum anderen.

Spindelförmige Muskelzellen ziehen sich zusammen und bewegen den Körper.

Plitsch, platsch
Der menschliche Körper besteht zu zwei Dritteln aus Wasser. Es befindet sich überwiegend in den Zellen und in den Körperflüssigkeiten, wie z.B. dem Blut. Selbst die harten Knochen bestehen zu einem Drittel aus Wasser.

Was kann ich alles?

Selbst die einfachsten Bewegungen sind nicht so einfach, wie du denkst. Geh ein paar Schritte. Deine Knie beugen sich, du hebst die Füße, und deine Arme schwingen, um das Gleichgewicht zu halten. Viele Bewegungen im richtigen Ablauf zu halten, nennt man Koordination.

Unterwasserwelt
Unter Wasser schwimmen? Kein Problem! Du kannst sogar die Augen öffnen. Und wenn du dich nicht unter Wasser auf den Rücken drehst, verhindert die Luft in deinem Körper, daß du Wasser in Mund und Nase bekommst.

Körperaktion
Es wäre schwierig, einen Roboter so zu programmieren, daß er wie eine Schubkarre läuft. Doch wenn *du* das tust, denkst du nicht einmal über die Bewegungsabläufe nach.

Reiben und klopfen

Klopfe dir mit einer Hand auf den Kopf. Reibe mit der anderen deinen Bauch. Mach jetzt beides gleichzeitig. Ist es schwierig? Konzentriere dich und versuch es weiter – deine Koordination wird sich mit einiger Übung verbessern.

Dein Gehirn hilft dir, diese beiden Bewegungen zu koordinieren.

Kreise mit deinen Händen über deinen Bauch.

Stehen und umfallen

Dein Körper kann nicht alles. Stell dich mit deiner linken Schulter und deinem linken Fuß fest gegen eine Wand. Jetzt versuche, den rechten Fuß zu heben – es geht nicht, du fällst um! Um auf einem Bein zu stehen, mußt du deinen Körper ausbalancieren können. Die Wand hindert dich daran.

Wackeln

Dein Körper kann auch Dinge, von denen du nicht einmal etwas weißt! Versuche, mit den Ohren zu wackeln; jeder Mensch hat Ohrmuskeln, aber die meisten wissen nicht, wie man sie gebraucht.

Versuche, verschiedene Muskeln rund um deinen Kopf zu bewegen.

Ein Überschlag kann gefährlich sein!

Übung macht den Meister

Kannst du einen Handstand, einen Purzelbaum und einen Überschlag? Mit viel Übung können es die meisten Leute lernen. Es ist erstaunlich, was dein Körper alles kann – wenn du es nur richtig versuchst.

Ein gesunder Körper

Du hast nur einen Körper, und den solltest du sorgfältig pflegen! Du mußt ihn sauberhalten, gut ernähren und dafür sorgen, daß cr viel Bewegung und genügend Ruhe bekommt.

Zu müde
Wenn dein Körper müde ist, hat das seinen Grund. Achte darauf! Menschen, die zu lange aufbleiben, sind unkonzentriert, bekommen Kopfschmerzen und können nicht gut arbeiten oder spielen.

Putz dir nach jeder Mahlzeit die Zähne.

Halte dich sauber
Jeden Tag sammeln sich Schmutz und Bakterien auf deinem Körper. Durch Waschen werden die Bakterien entfernt. Es ist auch wichtig, sich die Nase zu putzen, die Ohren sauberzuhalten und die Nägel zu schneiden.

Kopf und Oberkörper geben die meiste Hitze ab.

Die richtige Temperatur
Wenn dir kalt ist, ziehst du einen Pullover an, wenn dir warm ist, ziehst du ihn wieder aus. Durch die isolierende Luftschicht unter der Kleidung kann dein Körper die richtige Temperatur halten.

Richtige Ernährung

Nahrung ist aus zwei Gründen wichtig. Sie enthält Energie für deine Muskeln und hilft dem Körper, zu wachsen und sich zu erhalten. Aber du kannst nicht nur von Schokolade oder Süßigkeiten leben, denn damit kann dein Körper nicht richtig funktionieren. Außerdem ist das schlecht für die Zähne.

Dunkles Brot enthält Kohlenhydrate. Die geben dir Energie.

Nimm lieber Obst statt Süßigkeiten als Frühstück mit.

Orangensaft hat viele Vitamine.

Zeit fürs Bett

Dein Körper braucht viel Schlaf, auch wenn du vielleicht nicht gern zu Bett gehst. Während du schläfst, schalten sich die Körperfunktionen und dein Gehirn nicht ab, sie verlangsamen sich nur. Der Körper erholt sich. Die meisten Kinder schlafen etwa elf Stunden pro Nacht.

Du verschläfst ungefähr ein Drittel deines Lebens!

Empfindsame Haut

Die Haut umgibt deine Eingeweide wie eine Hülle. Aber sie tut noch viel mehr. Sie schützt die empfindlichen Teile vor Stößen, hält die Körperflüssigkeit im Innern und schirmt sie vor schädlichen Giften ab. Deine Haut hilft auch, die Körpertemperatur zu kontrollieren. Mit Hilfe der Haut kannst du fühlen.

Die Sonne
Die Haut enthält einen Stoff, das Melanin, der sie vor den ultravioletten Strahlen der Sonne schützt. Bei hellhäutigen Menschen muß sich mehr Melanin bilden, wenn sie draußen in der Sonne sind – das ist dann die Sonnenbräune.

Alle Farben unter der Sonne
Haut kann weiß, rosa, beige, braun oder schwarz sein. Doch darunter sehen alle Menschen gleich aus!

Helle Haut kann in der Sonne verbrennen.

Dunklere Haut wird schneller braun als blasse.

Je dunkler die Haut, desto mehr Melanin enthält sie.

In der Haut
Die Haut besteht aus zwei Schichten. Die äußere Schicht ist die Oberhaut, die aus der Hornhaut (abgestorbenen Zellen) und einem lebenden Teil besteht. Darunter befindet sich die Lederhaut; darin sitzen die Hautsinnesorgane. Die Haut ist nicht dicker als der Längsstrich dieser 1.

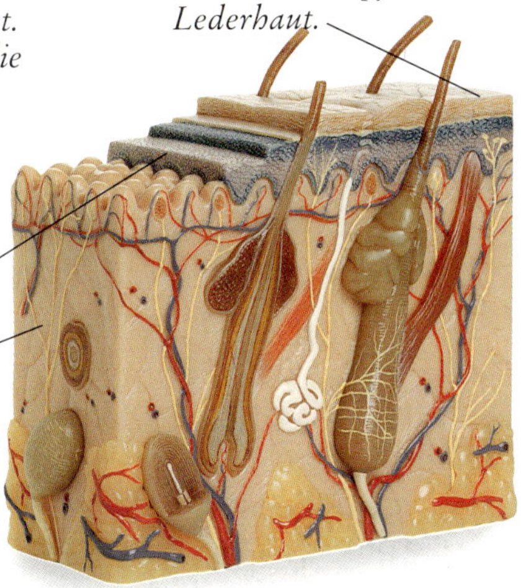

Zu warm oder zu kalt?
Die Haut hilft, die Körpertemperatur zu kontrollieren. Sie gibt Hitze ab, wenn der Körper zu warm ist, und hält sie, wenn er zu kalt ist.

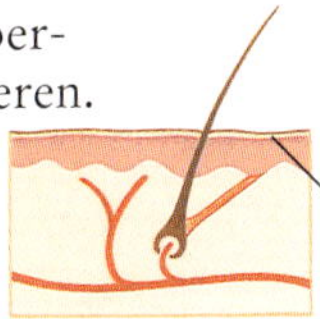

Warm
Wenn dir warm ist, weiten sich die Blutgefäße und verlieren Wärme.

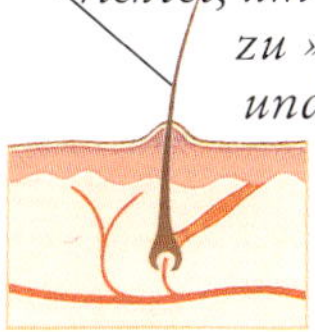

Kalt
Wenn dir kalt ist, verengen sich die Blutgefäße und halten die Wärme.

Fingerabdrücke
Die Haut auf deinen Fingern ist von winzigen Rillen durchzogen. Dadurch kannst du besser greifen. Das ist wie bei den Sohlen von Turnschuhen. Jeder Finger hat ein anderes Muster – kein Mensch auf der ganzen Welt hat die gleichen Fingerabdrücke wie du.

Haare und Nägel

Was hast du mit einem Hund oder einer Katze gemeinsam? »Fell« und »Krallen«. Haare wachsen nicht nur auf deinem Kopf, sondern auch an deinem ganzen Körper. Dieses Haar ist wie das Fell bei den Tieren, nur viel kürzer und feiner. Auch deine Nägel wachsen genauso wie die Krallen bei den Tieren, sie haben nur eine andere Form.

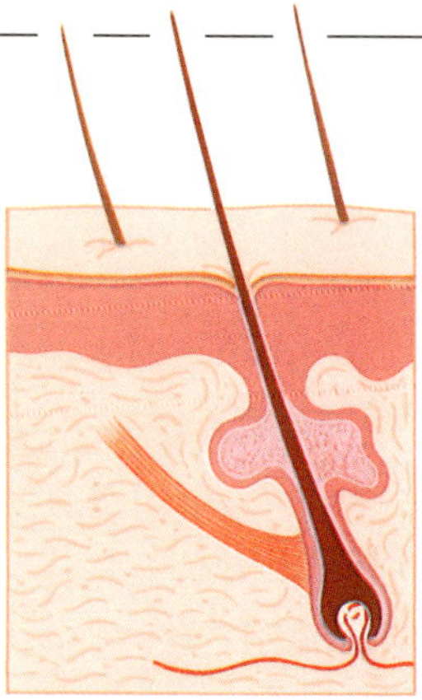

Das Haar wächst
Dein Haar wächst aus einer Haarwurzel in der Haut. Nur das Haar unter der Haut ist lebendig. Das Haar, das du siehst, besteht aus toten Zellen, die von Keratin, einem harten Material, gehärtet wurden.

Haartypen
Haar enthält Melanin – dieselbe Substanz, die der Haut ihre Farbe gibt. Die Haarfarbe hängt davon ab, wieviel Melanin die einzelnen Haare enthalten. Blondes Haar hat wenig Melanin, dunkles Haar viel.

Glattes Haar hat eine runde Haarwurzel.

Lockiges Haar hat eine flache Haarwurzel.

Haariger Kopf

Du hast etwa 5 Millionen Haare auf dem Körper – aber nur etwa 100.000 davon auf deinem Kopf. Das Kopfhaar wächst etwa 2 mm jede Woche, im Sommer schneller als im Winter. Wenn du dein Haar nicht regelmäßig schneidest, spaltet es sich.

Dieses Haar ist eine Weile nicht geschnitten worden. Die Spitzen sind gespalten und uneben.

Das Haar muß mindestens 15 cm lang sein.

An einem Haar aufhängen

Ein Haar auf deinem Kopf ist viel kräftiger, als es aussieht. Willst du nicht einmal ausprobieren, wie stark es ist? Du brauchst einige Haare deiner Freunde, eine kleine Plastiktüte, ein paar Murmeln und Klebestreifen.

Welliges Haar hat eine ovale Haarwurzel.

1. Klebe die Plastiktüte an das eine Ende des Haares. Lege die Murmeln hinein. Wie viele kann es halten, bevor es reißt? Sind die Haare einer bestimmten Farbe stärker?

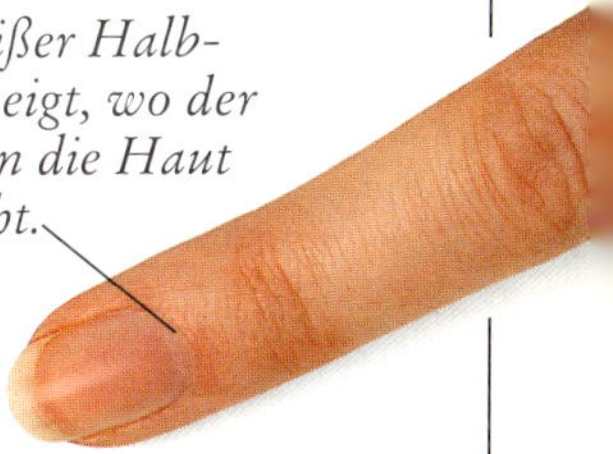

Ein weißer Halbmond zeigt, wo der Nagel in die Haut übergeht.

Hart wie Nägel

Wie die Haare bestehen die Nägel aus Keratin. Fingernägel sind ein steifer, harter Schutz für die weiche Haut deiner Fingerspitzen und helfen beim Greifen. Tiere haben Krallen statt Fingernägel.

Muskeln

Mach einmal eine Faust. Kannst du die Muskeln erkennen, die sich in deiner Hand bewegen? Du hast mehr als 600 starke, dehnbare Muskeln in deinem Körper. Jede Bewegung, die du machst, ist nur durch Muskeln möglich.

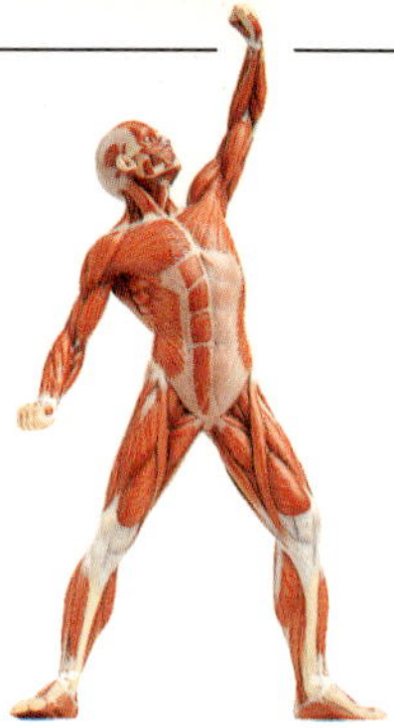

Deine Muskeln
Die größten Muskeln sind in deinem Rücken und in deinen Oberschenkeln. Die dünnsten, so fein wie ein Baumwollfaden, liegen im Ohr.

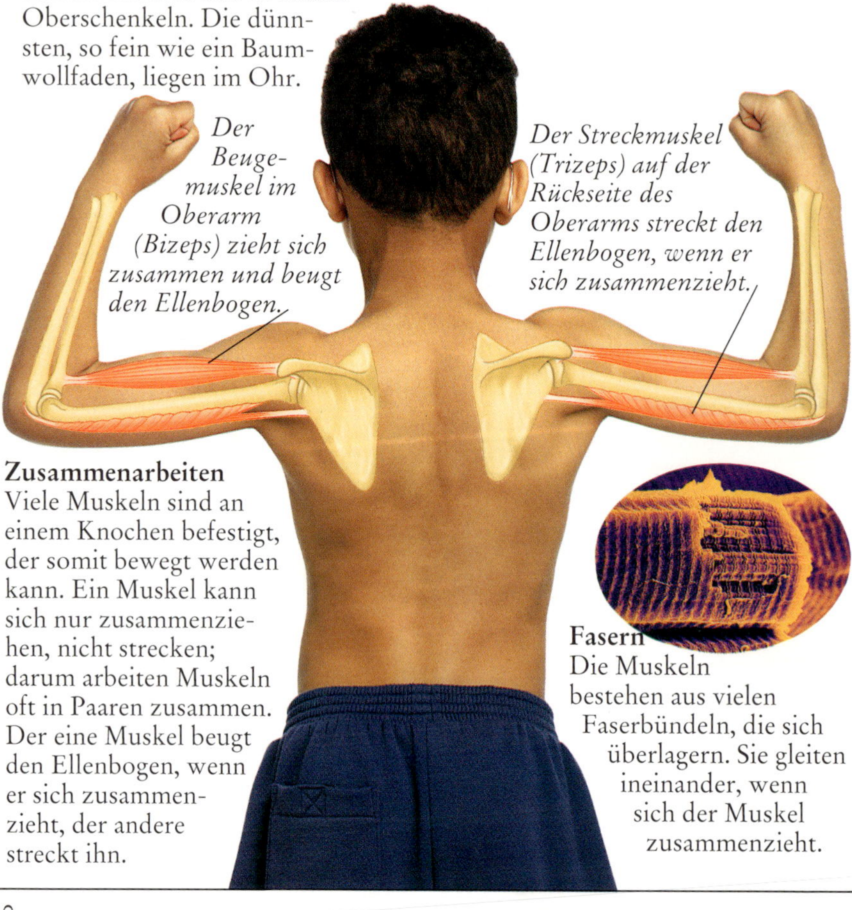

Zusammenarbeiten
Viele Muskeln sind an einem Knochen befestigt, der somit bewegt werden kann. Ein Muskel kann sich nur zusammenziehen, nicht strecken; darum arbeiten Muskeln oft in Paaren zusammen. Der eine Muskel beugt den Ellenbogen, wenn er sich zusammenzieht, der andere streckt ihn.

Fasern
Die Muskeln bestehen aus vielen Faserbündeln, die sich überlagern. Sie gleiten ineinander, wenn sich der Muskel zusammenzieht.

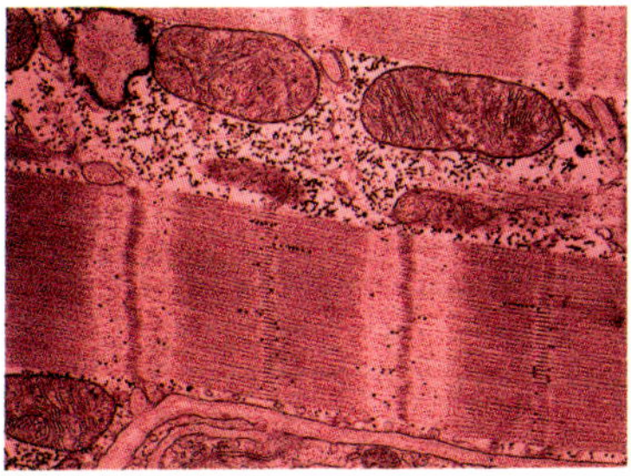

Unermüdlicher Muskel
Viele deiner Organe bestehen aus Muskeln, zum Beispiel dein Herz, dein Magen und die Därme. Dein Herzmuskel wird nie müde und läßt das Herz dein ganzes Leben lang schlagen.

Grimassen schneiden
In deinem Gesicht gibt es mehr als 40 Muskeln. Einige sind direkt mit Knochen verbunden, zum Beispiel mit deinem Kiefer. Andere sind mit weiteren Muskeln verbunden. Wieder andere Muskeln, z.B. in deinen Augenlidern und Lippen, sind ringförmig angeordnet.

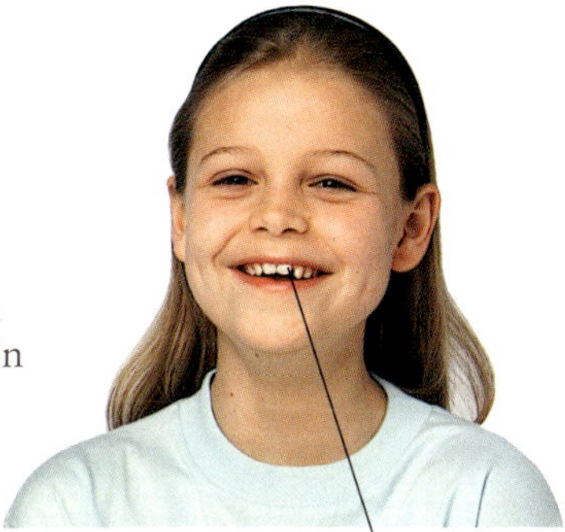

Um zu lächeln, braucht man 10 Muskeln.

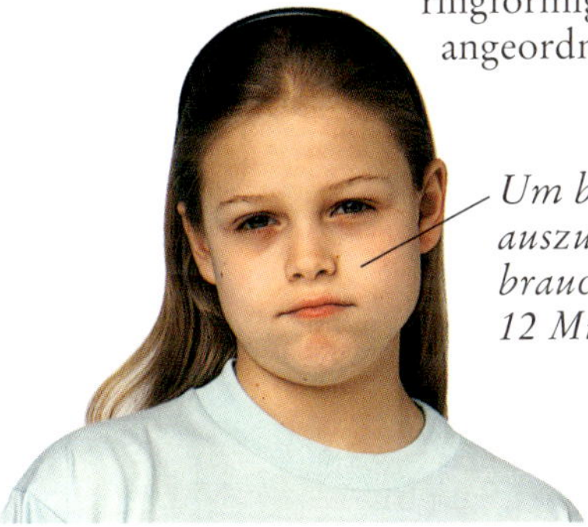

Um beleidigt auszusehen, braucht man 12 Muskeln.

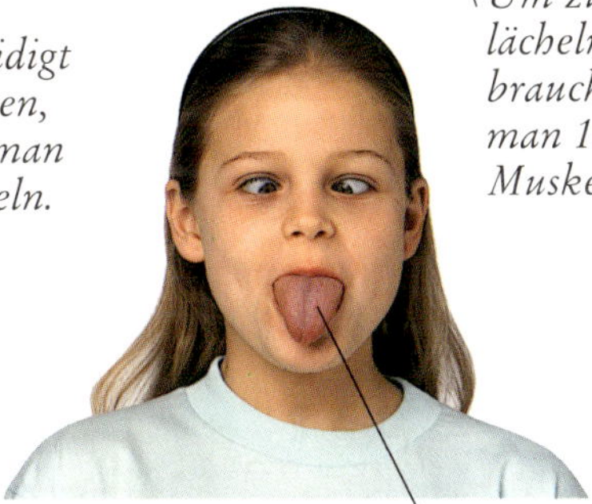

Wie viele Fratzen kannst du schneiden?

Autsch!
Manchmal werden Muskeln, die längere Zeit nicht beansprucht worden sind, hart und fest. Ein Muskelkrampf ist sehr schmerzhaft! Du mußt vorsichtig reiben und den Muskel strecken, damit der Krampf aufhört.

Alles über Knochen

Betaste deinen Arm. Kannst du den Knochen fühlen? Knochen bilden ein festes Gerüst in deinem Körper, das Skelett.

Schlaffer Körper
Dein Skelett hält nicht nur deine Arme und Beine gerade. Die Knochen halten die Organe in der richtigen Lage und schützen sie. Ohne Knochen würde dein Körper in sich zusammenfallen.

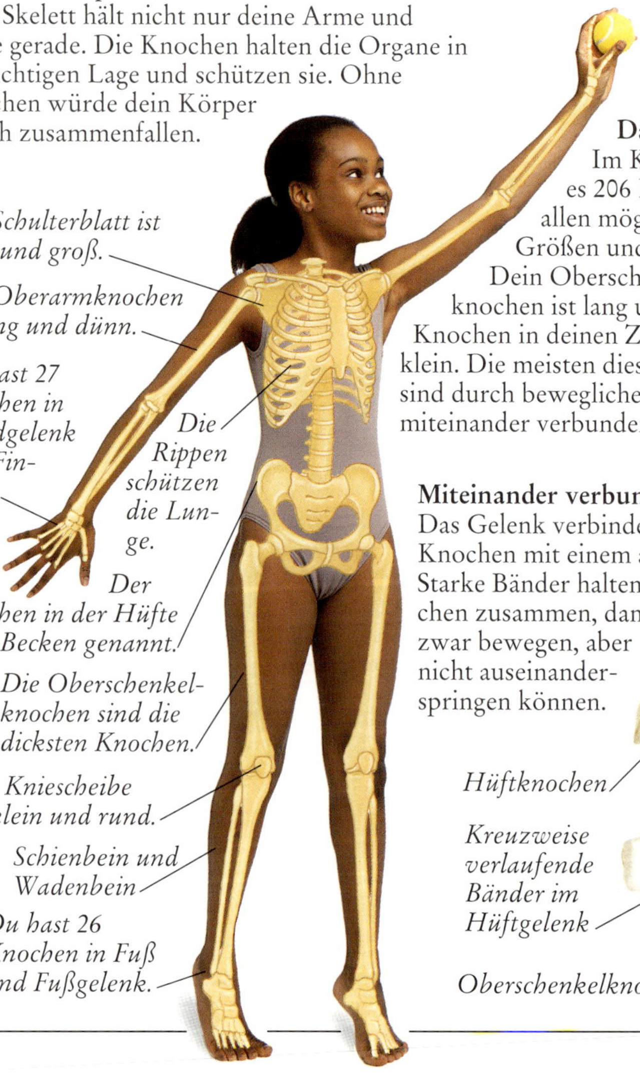

Das Skelett
Im Körper gibt es 206 Knochen in allen möglichen Größen und Formen. Dein Oberschenkelknochen ist lang und dick, die Knochen in deinen Zehen sehr klein. Die meisten dieser Knochen sind durch bewegliche Gelenke miteinander verbunden.

Miteinander verbunden
Das Gelenk verbindet einen Knochen mit einem anderen. Starke Bänder halten die Knochen zusammen, damit sie sich zwar bewegen, aber nicht auseinanderspringen können.

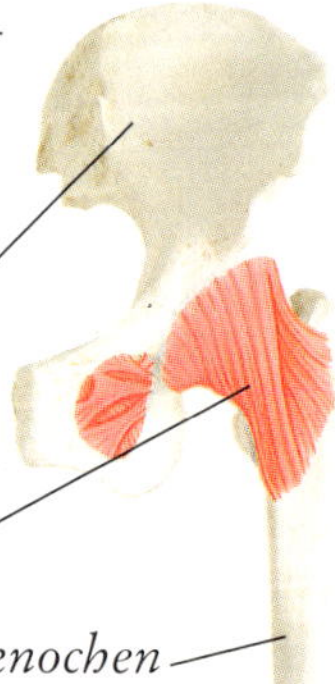

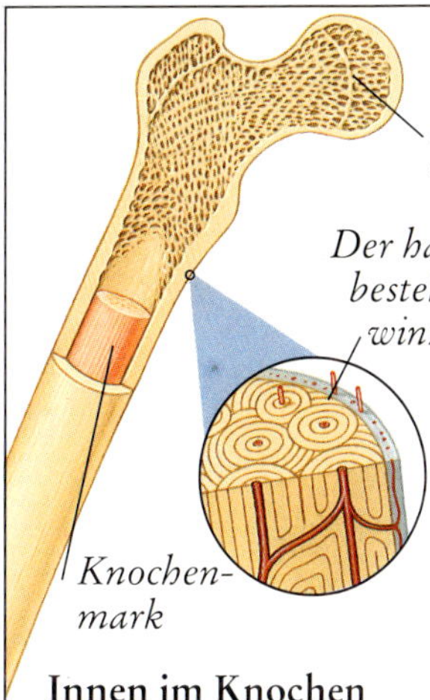

Das Knochenende hat ein wabenähnliches Inneres.

Der harte, äußere Knochen besteht aus vielen tausend winzigen Knochenbälkchen.

Knochenmark

Innen im Knochen

Große Knochen wie der Oberschenkelknochen sind innen hohl. In diesem Hohlraum befindet sich das Knochenmark, ein geleeartiges Material, in dem neue Zellen produziert werden.

Die Wirbelsäule

Deine Wirbelsäule besteht aus 33 kleinen Knochen, den Wirbeln. Sie sind miteinander verbunden wie ein biegsamer Turm. Knorpel ist ein starkes, gummiartiges Material. Zwischen den einzelnen Wirbeln befinden sich Knorpelscheiben, so daß die Wirbel sich nicht aneinander reiben.

Der Schädelknochen schützt das Gehirn.

Der Schädel wird vom Atlaswirbel gestützt.

Ringförmige Wirbel schützen das Rückenmark.

Knorpelscheiben machen die Wirbelsäule beweglich.

Das Steißbein ist der letzte Knochen der Wirbelsäule.

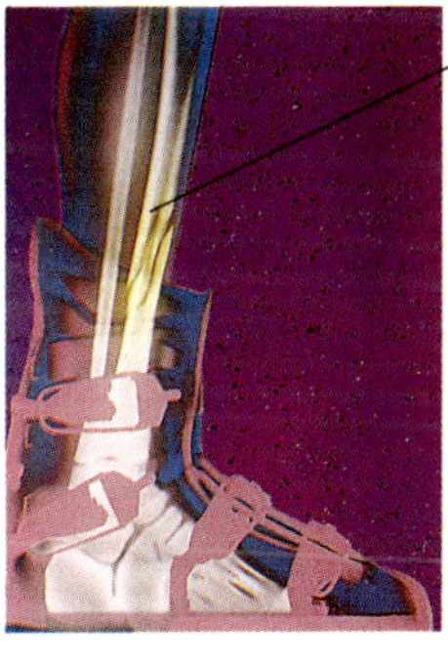

Ein Röntgenbild zeigt die Knochen als weiße Schatten.

Ein Beinbruch

Hast du dir schon einmal das Bein gebrochen? Dann weißt du, wie schmerzhaft das ist. Wenn der Arzt das Bein schnell richtet und eingipst, wächst es wieder richtig zusammen.

Knochen eines Babys

Die Knochen eines neugeborenen Babys enthalten viel Knorpel, und seine Schädelknochen sind noch nicht zusammengewachsen. Das passiert erst während der ersten beiden Lebensjahre.

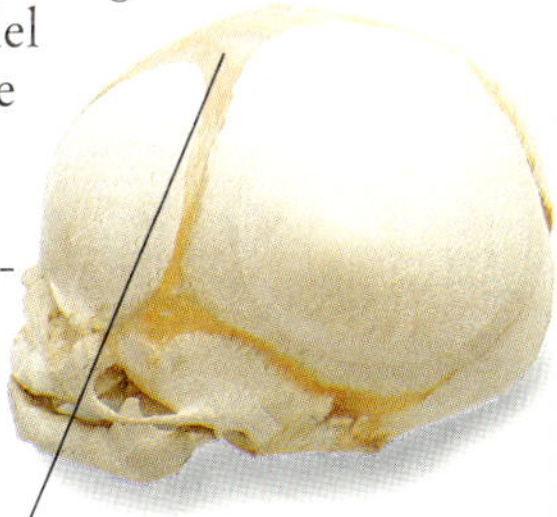

Den weichen Teil des Schädels bei einem Baby nennt man Fontanelle.

Das Herz

Steck dir einmal die Finger in die Ohren und schließe deine Augen. Kannst du dein Herz schlagen hören? Das Herz ist ein hohler »Muskel«, so groß wie deine geballte Faust. Ununterbrochen pumpt es Blut durch deinen Körper.

Vom Gehirn
Man sagt, daß Gefühle wie Liebe im Herzen entstehen – tatsächlich entstehen sie im Gehirn.

Eine starke Pumpe
Die linke Seite des Herzens pumpt Blut von der Lunge in den Körper, um ihn mit Sauerstoff zu versorgen. Die rechte Seite pumpt das Blut aus dem Körper in die Lunge zurück, wo es wieder mit Sauerstoff angereichert wird.

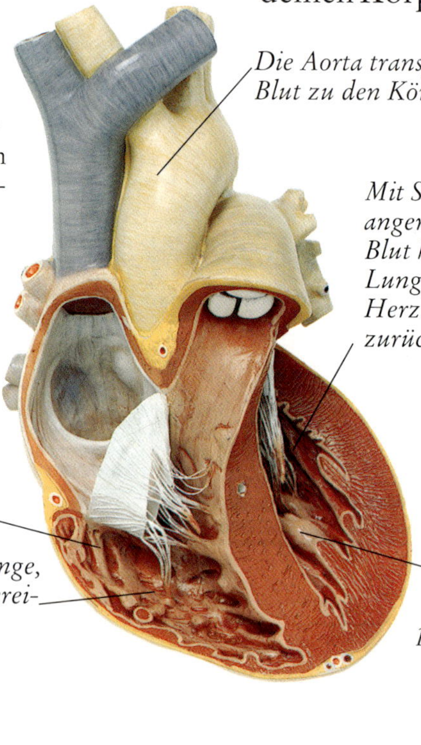

Die Aorta transportiert das Blut zu den Körperzellen.

Mit Sauerstoff angereichertes Blut kehrt aus der Lunge in die linke Herzhälfte zurück.

Das Blut aus dem Körper, das kaum noch Sauerstoff enthält, kehrt zur rechten Herzhälfte zurück.

Die rechte Herzhälfte pumpt das Blut in die Lunge, wo es mit Sauerstoff angereichert wird.

Die linke Herzhälfte pumpt sauerstoffreiches Blut in den Körper.

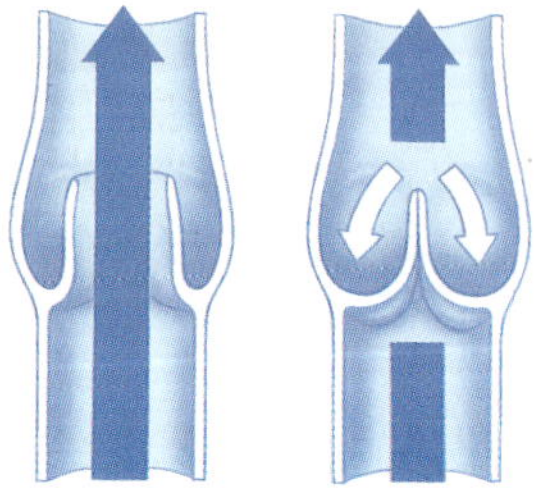

Offene Herzklappe *Geschlossene Herzklappe*

Einbahnstraße
Die Herzklappen sorgen dafür, daß das Blut den richtigen Weg nimmt. Auch viele größere Venen haben Klappen. Wenn das Blut zurückfließen will, schließen sich die kleinen Klappen.

Herzschlag

Das Herz »schlägt«, das heißt, es pumpt das Blut. Den Herzschlag kannst du durch das sogenannte Stethoskop hören. Du brauchst einen Gummi- oder Plastikschlauch, Knete und zwei Trichter, dann kannst du dir selbst eines basteln.

Suche mit dem Trichter die Stelle, wo das Schlagen am lautesten ist.

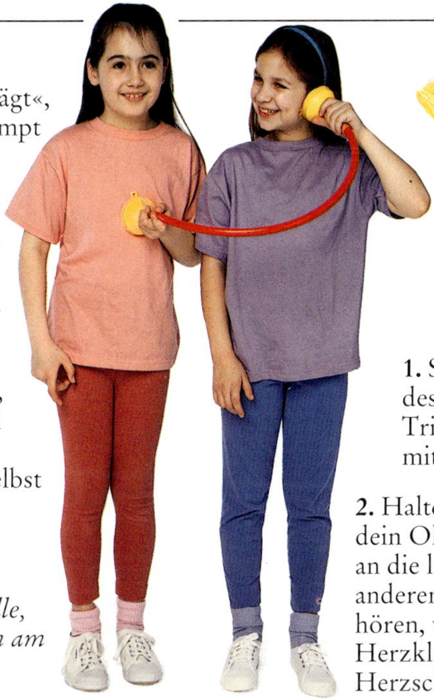

Die Schallwellen wandern durch den Schlauch zum Ohr.

Der Trichter nimmt die Geräusche auf, die das schlagende Herz macht.

1. Stecke in jedes Ende des Schlauches einen Trichter. Befestige ihn mit Knete.

2. Halte einen Trichter an dein Ohr und den anderen an die linke Brustseite eines anderen Kindes. Du kannst hören, wie sich die Herzklappen bei jedem Herzschlag schließen.

Fühl deinen Herzschlag

Das Herz pumpt eine Welle von Blut durch den Körper. Das kannst du an deinem Handgelenk fühlen, indem du zwei Finger auf die Seite legst, wo der Daumen ist. Man nennt das den Pulsschlag fühlen.

Fühle deinen Puls mit zwei Fingern am Rande deines Handgelenks.

Zähl den Pulsschlag

Der Pulsschlag ist die Anzahl der Herzschläge in einer Minute. Hier siehst du die Normalwerte des Herzschlags eines Menschen. Miß deinen Puls, wenn du ausgeruht bist, und noch einmal, nachdem du eine anstrengende Übung gemacht hast.

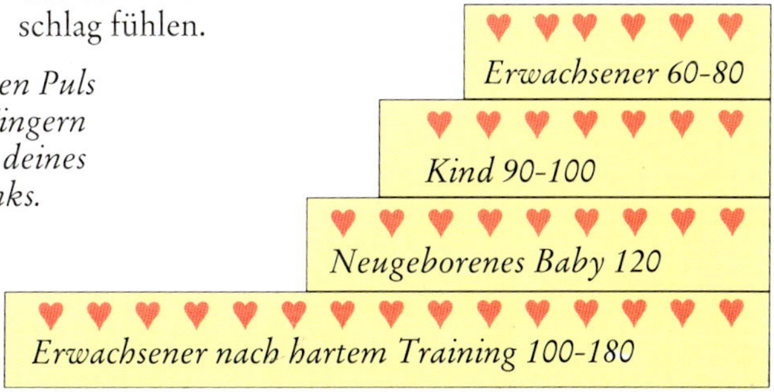

Das Blut

Wenn du das nächste Mal einen Kratzer oder eine kleine Schnittwunde hast, sieh dir dein Blut genau an. Das Blut fließt durch deinen ganzen Körper wie ein Fluß, der alle Zellen mit Nahrung und Sauerstoff versorgt. Es verbreitet Wärme und verteilt die sogenannten Hormone. Es gerinnt, um eine Wunde zu verschließen und heilen zu lassen.

Sieh nur, wie es fließt
Das Blut wird in Arterien, Kapillargefäßen und Venen durch den Körper transportiert. Jedes dieser Gefäße hat eine andere Aufgabe.

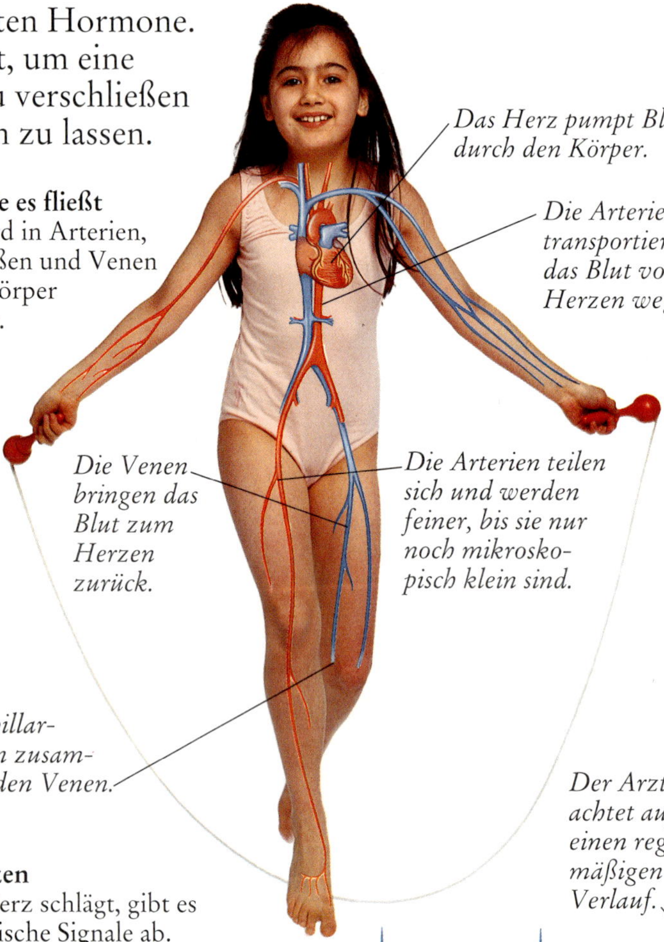

Grüne Spitzen
Wenn das Herz schlägt, gibt es kleine elektrische Signale ab. Das Elektrokardiogramm (EKG) zeigt sie dir auf dem Bildschirm.

Der Arzt achtet auf einen regelmäßigen Verlauf.

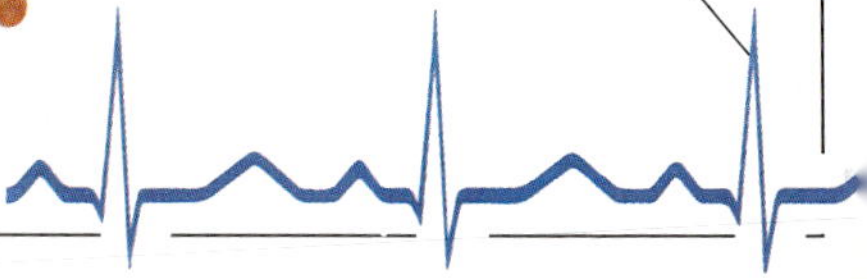

Blaues Blut
Einige Venen kanst du direkt unter der Haut erkennen. Drück mit deinem Finger auf eine blaue Vene an der Innenseite deines Handgelenks; das Blut hört auf zu fließen. Wenn du losläßt, fließt es weiter.

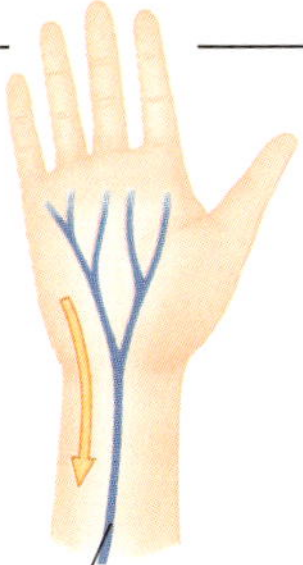

Die Farbe der Haut und der Venenwand lassen das rote Blut blau wirken.

Blaue Venen sind bei heller Haut am besten sichtbar.

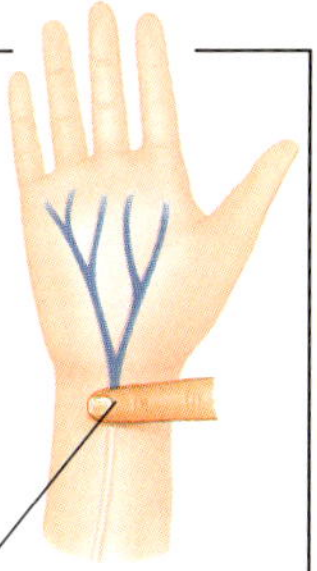

Lege deinen Finger hierher.

Die Zusammensetzung des Blutes
Ungefähr die Hälfte deines Blutes ist eine blaßgelbe Flüssigkeit, das Plasma, in dem Zucker, Salze und Hormone enthalten sind. Die andere Hälfte besteht aus den sauerstofftragenden roten Blutkörperchen, aber auch aus den weißen Blutkörperchen, die Infektionen bekämpfen, und den Blutplättchen, die bei der Blutgerinnung eine Rolle spielen.

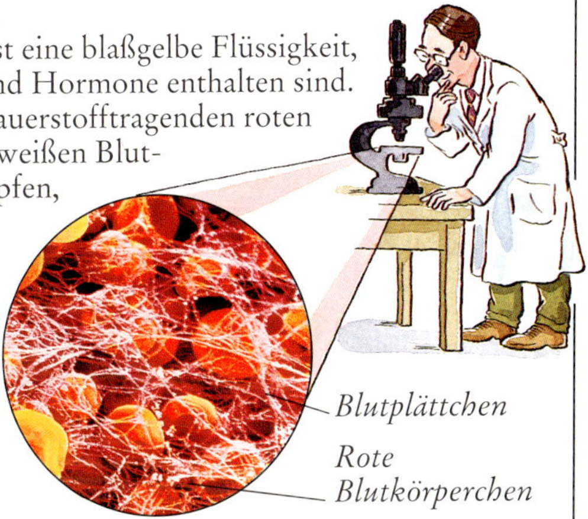

Blutplättchen

Rote Blutkörperchen

Vom Gerinnen ...
Wenn deine Haut oder ein anderer Teil deines Körpers verletzt ist, gerinnt das Blut zu einem Klumpen, der die Wunde versiegelt.

... zur Kruste
Der Klumpen wird hart und bildet eine Kruste. Diese schützt die Haut darunter, während sie abheilt.

Die Bestandteile des Blutes bilden ein Fasernetzwerk.

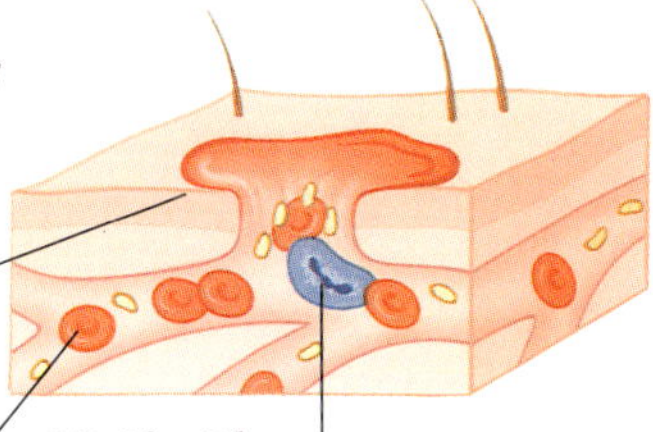

Rote Blutkörperchen

Weiße Blutkörperchen

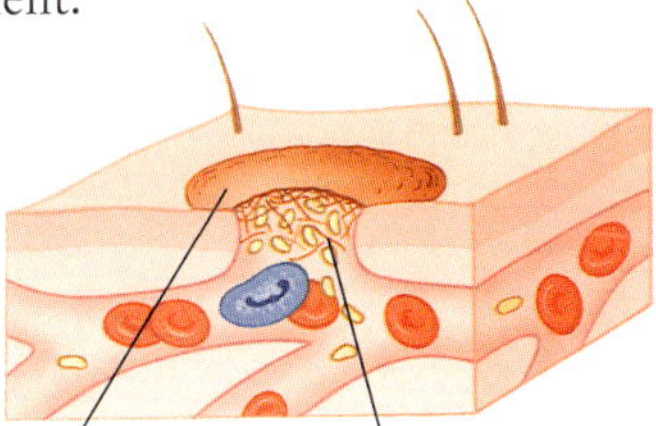

Schützende Kruste

Die Ränder einer Schnittwunde wachsen wieder zusammen.

Lungen und Atmung

Fast alle Lebewesen, von Würmern bis zu Walen, brauchen Sauerstoff. Du atmest ein und versorgst so deine Zellen mit Sauerstoff. Ohne Sauerstoff würden sie innerhalb von wenigen Minuten absterben. Wenn der Sauerstoff verbraucht wird, entsteht in deinen Zellen ein Abfallgas, das Kohlendioxid. Dieses Gas wird ausgeatmet.

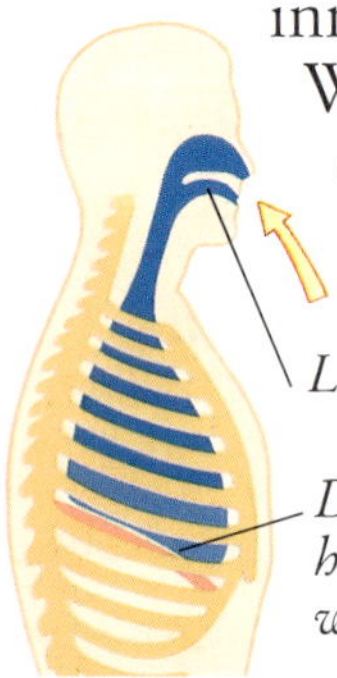

Einatmen
Beim Einatmen heben und wölben sich deine Rippen. Der Muskel unter deinen Lungen wird flach. Wenn sich die Lungen ausdehnen, saugen sie Luft durch die Luftröhre an.

Ausatmen
Beim Ausatmen senken sich deine Rippen. Der Muskel unter der Lunge zieht sich zusammen und wird dicker. Luft entweicht aus den winzigen Luftbläschen in deinen Lungenflügeln.

In jedem Lungenflügel hast du 300 Millionen Lungenbläschen.

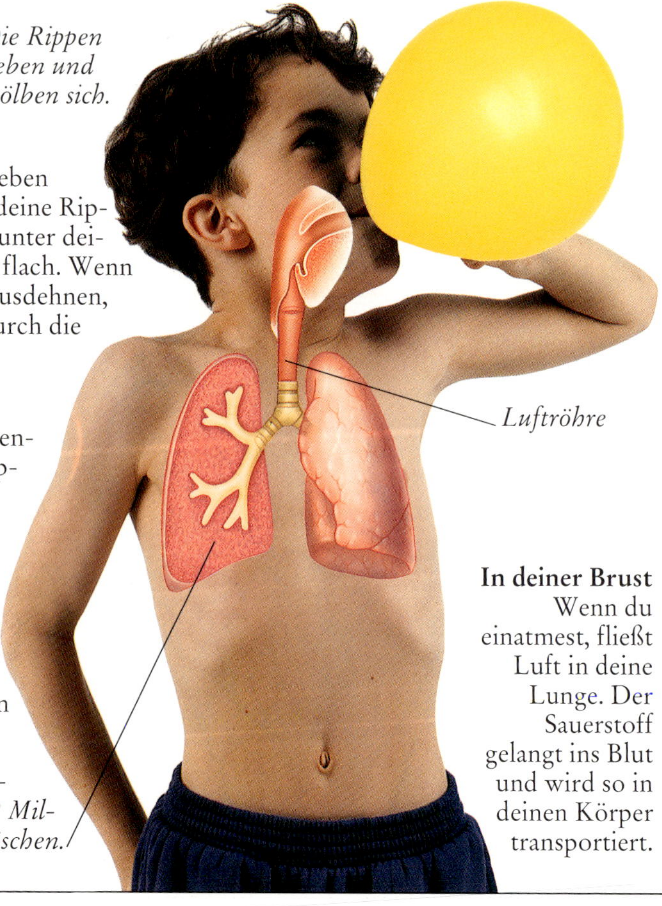

In deiner Brust
Wenn du einatmest, fließt Luft in deine Lunge. Der Sauerstoff gelangt ins Blut und wird so in deinen Körper transportiert.

Sichtbarer Atem
An kalten Tagen kannst du die Luft sehen, die du ausatmest, weil dein Atem Wasserdampf enthält. Wenn der Wasserdampf auf die kalte Luft trifft, kondensiert er zu kleinen Tröpfchen, die wie weißer Rauch aussehen.

Zähl deine Atemzüge mit Hilfe einer Stoppuhr.

Schneller Atem
Die meisten Menschen atmen etwa 10-20 Mal pro Minute. Setz dich einmal ruhig hin und zähle deine Atemzüge in einer Minute. Jetzt springe oder laufe eine Weile und zähle sie dann. Atmest du schneller? Muskeln, die beansprucht werden, brauchen mehr Sauerstoff, darum mußt du schneller atmen.

Einatmen und ausatmen gilt als ein Atemzug.

Hicks! Hicks! ... Hicks!
Das Zwerchfell ist der große Muskel unterhalb deiner Rippen. Er hilft beim Atmen. Zieht er sich schärfer als normal zusammen, atmest du heftiger ein, und das hört sich an wie ein »hicks«. Durch einen Schrecken kann dein Schluckauf zum Stillstand kommen!

Lebensnotwendige Nahrung

Alle Maschinen brauchen Brennstoff, um zu funktionieren. Der Brennstoff deines Körpers ist die Nahrung. Die Nahrung gibt dir Energie, um zu leben und zu atmen, dich zu bewegen und zu denken. Die Nahrung enthält Nährstoffe, die dein Körper braucht, um gesund zu bleiben.

Vollkornbrot enthält Ballaststoffe.

Kohlenhydrate in Brot, Kartoffeln, Nudeln und Reis sind eine gute Energiequelle.

Alle Früchte enthalten Vitamine. Unter anderem stärken sie die Abwehrkräfte.

Ballaststoffe in frischem Obst und Gemüse halten deine Verdauung in Gang.

Ausgewogene Ernährung

Dein Körper braucht eine ausgewogene Ernährung, um gesund zu bleiben. Es gibt drei Hauptgruppen von Nährstoffen: Proteine, Kohlenhydrate und Fette. Dein Körper benötigt jeden dieser drei Stoffe in unterschiedlicher Menge. Außerdem brauchst du noch Ballaststoffe, Vitamine und Mineralien aus Früchten und frischem Gemüse.

Bohnen, Fisch, Fleisch, Eier und Käse enthalten besonders viele Proteine. Sie sind wichtig für das Wachstum.

Kuchen, Schokolade und Erdnußflips enthalten viel Fett.

Fette speichern Energie – aber nimm nicht zuviel davon zu dir.

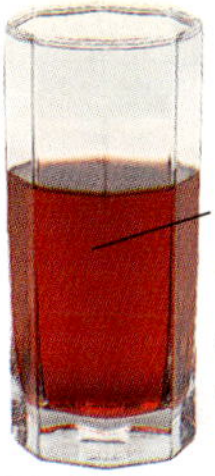

Fruchtsaft besteht zum größten Teil aus Wasser.

Ohne Wasser geht es nicht

Ohne Wasser kann kein Lebewesen existieren. Dein Körper braucht pro Tag zwei bis drei Liter. Die Flüssigkeit nimmst du nicht nur im Getränk, sondern auch im Essen zu dir.

Die perfekte Ernährung

Ein Neugeborenes kann feste Nahrung weder kauen noch verdauen. Durch die Muttermilch wird es mit einer ausgeglichenen Mischung wichtiger Nährstoffe versorgt. Säuglinge können aber auch mit einer besonderen Milch aus der Flasche ernährt werden.

Energie »tanken«

Die Energie in der Nahrung wird in Kilojoule (kJ) oder Kilokalorien (kcal) gemessen. Ein zehnjähriges Kind braucht etwa 2.000 bis 3.000 kcal pro Tag. Auf den Packungen steht vermerkt, wieviel Energie die Nahrung enthält.

Wenn du eine Stunde lang mit dem Ball spielst, verbrauchst du etwa 300 kcal.

Was hineingeht ...

Der Körper produziert zwei Arten von Ausscheidungen. Feste Teile der Nahrung, die nicht verdaut werden können, werden als Kot ausgeschieden. Deine Nieren filtern Abfallstoffe aus dem Blut. Sie werden mit dem Urin ausgeschieden.

Die Zähne

Denk einmal darüber nach, was du ohne deine Zähne machen würdest. Du könntest nicht kauen, nur flüssige Nahrung zu dir nehmen! Mit den Zähnen kannst du beißen und kauen. Sie helfen auch beim Aussprechen bestimmter Laute.

Stopp den Verfall!
Zuckerhaltige Nahrung schadet den Zähnen. Laß einmal einen ausgefallenen Zahn über Nacht in einem Glas Cola stehen. Sieht er am Morgen anders aus?

Im Innern eines Zahnes
Ein Zahn besteht aus zwei Hauptteilen. Die Krone ist der sichtbare Teil. Sie ist von Zahnschmelz überzogen, dem härtesten Material in deinem Körper. Die Wurzel sitzt in deinem Kiefer. Sie ist fest im Kieferknochen verankert.

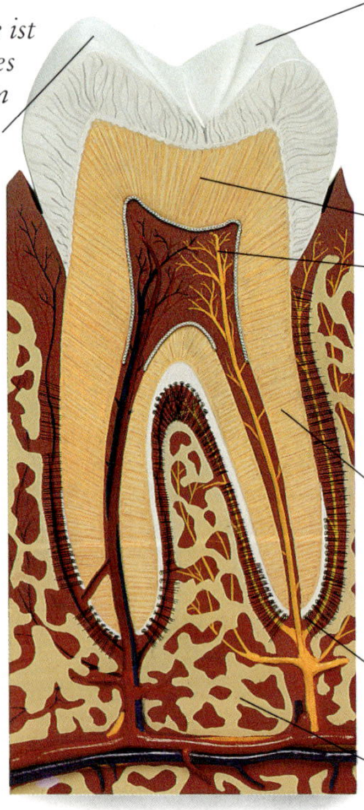

Sie halten ein Leben lang
Zähne, die gut gepflegt werden, können viele Jahre halten. Wenn du deine Zähne sauberhältst, hast du gut lachen!

Verschiedene Zähne

Ein Erwachsener hat 32 Zähne, die man in vier Zahnarten unterteilen kann. Jede Art hat eine bestimmte Aufgabe. Die scharfen Schneidezähne schneiden, die spitzen Eckzähne reißen, und die dicken Backen- und Mahlzähne mahlen.

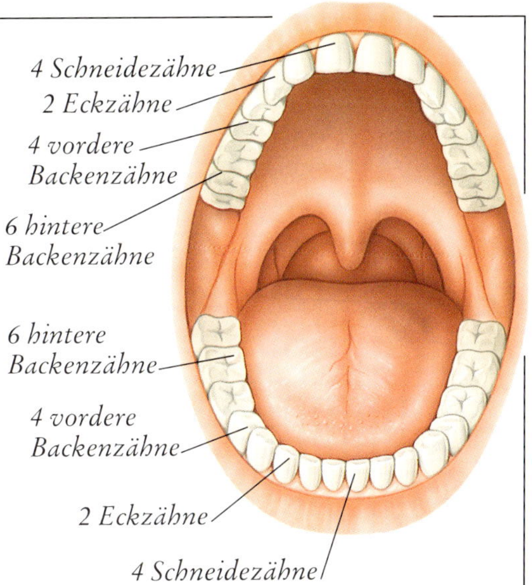

Zwei Gebisse

Babys werden gewöhnlich ohne Zähne geboren. Bis zum Alter von drei Jahren wachsen ihnen 20 Milchzähne. Mit etwa sechs Jahren drücken die erwachsenen Zähne die Milchzähne heraus.

Mundspülung

Ohne Speichel könnten deine Zähne die Nahrung nicht gut zerkleinern. Stecke einen Keks in deinen Mund – er wird sofort feucht. Der Speichel befeuchtet trockene Nahrung; so läßt sie sich leichter kauen und schlucken.

Wenn du kaust und ißt, produzierst du Speichel (Spucke).

Gute Abdrücke

Mache einen Zahnabdruck von deinen Zähnen, indem du vorsichtig in einen Apfel oder ein Stück Käse beißt. Bitte einen Freund, dasselbe zu tun. Sieh dir die Bißstellen an. Sieht die von deinem Freund genauso aus wie deine?

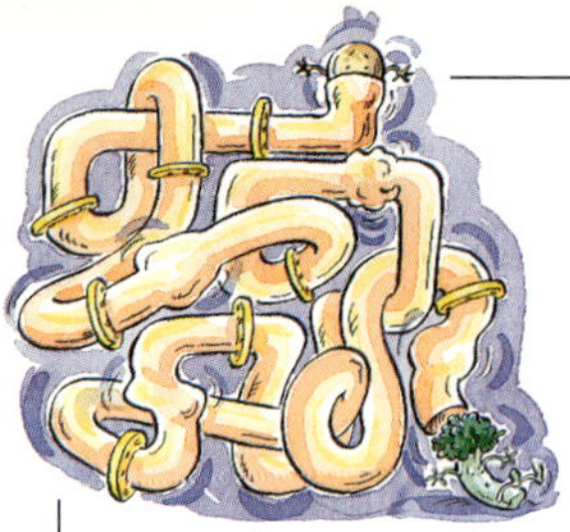

Was passiert mit der Nahrung?

Wenn du die Nahrung hinunterschluckst, beginnt sie eine lange Reise durch deinen Körper. Dabei wird sie durch bestimmte Stoffe in kleine Teilchen gespalten, die vom Blut aufgenommen werden – man nennt das Verdauung.

Lange Därme
Wenn man deine Därme herausziehen würde, wären sie sieben bis acht Meter lang. Das ist ungefähr fünfmal länger, als du selbst bist!

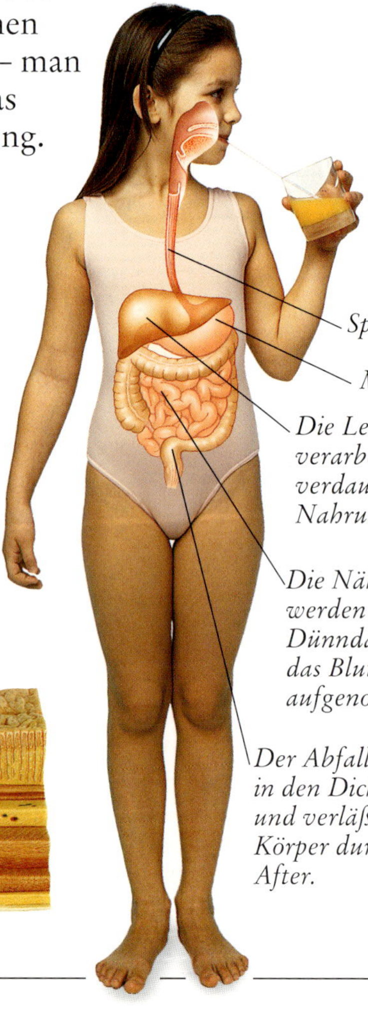

Wo die Nahrung hingeht
Die Nahrung wandert durch die Speiseröhre in deinen Magen. Dort wird sie zerkleinert und in die Därme gedrückt. Die verdauten Nahrungsteilchen wandern vom Dünndarm ins Blut und gelangen so in den Körper.

Magenschleim
Dein Magen hat eine Schleimhaut, die verhindert, daß die Verdauungsstoffe auch die Magenwand mitverdauen.

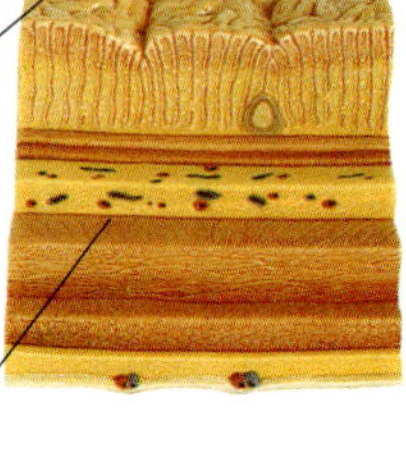

Körper-Mischmaschine
Beobachte einmal, wie ein Erwachsener verschiedene Zutaten in einen Mixer tut. Die Maschine zerkleinert sie zu einem dicken Brei, genau wie deine Zähne und dein Magen das mit der Nahrung tun.

Die Früchte haben unterschiedliche Farben und Zusammensetzungen.

Nach dem Mixen oder der Verdauung sind die Früchte zu einem Brei vermengt.

Magengeräusche
Wenn das nächste Mal dein Magen knurrt, brauchst du nicht verlegen zu sein! Es ist nur dein Verdauungssystem, das in dir arbeitet.

Wenn du auf dem Kopf stehend ißt, mußt du würgen!

Nahrungstransport
Die Nahrung fällt nicht einfach durch deinen Körper, sondern die Muskeln in der Speiseröhre drücken sie nach unten, wie die Zahnpasta, die aus der Tube gedrückt wird. Darum kannst du auch schlucken, wenn du auf dem Kopf stehst.

Halsmuskeln
Wenn du das nächste Mal etwas ißt, versuche zu ertasten, wie sich der Muskel an deinem Hals beim Schlucken bewegt.

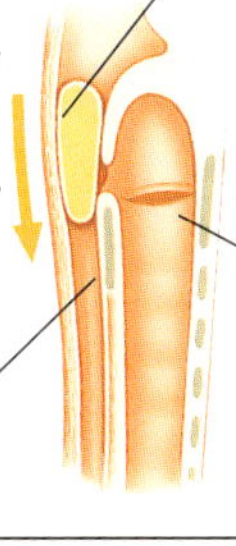

Die Nahrung wird zu einer Kugel gepreßt, die leicht zu schlucken ist.

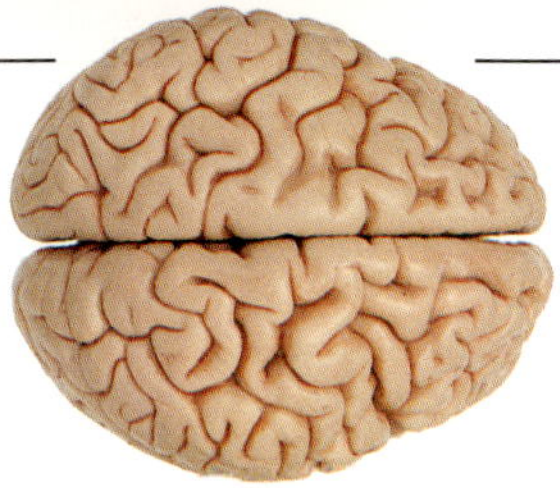

Erstaunliches Gehirn

Dein Gehirn arbeitet wie ein riesiger Computer, der alles, was dein Körper tut, kontrolliert: dein Nervensystem, deine Gedanken, Gefühle und dein Erinnerungsvermögen. Dein Gehirn sieht aus wie eine große, graue Walnuß. Es paßt genau in die obere Hälfte deines Schädels.

Zwei Hälften
Der Hauptteil des Gehirns besteht aus zwei Hälften, den Hemisphären. Weil sich die Nerven überschneiden, kontrolliert jede Gehirnhälfte die jeweils andere Körperhälfte.

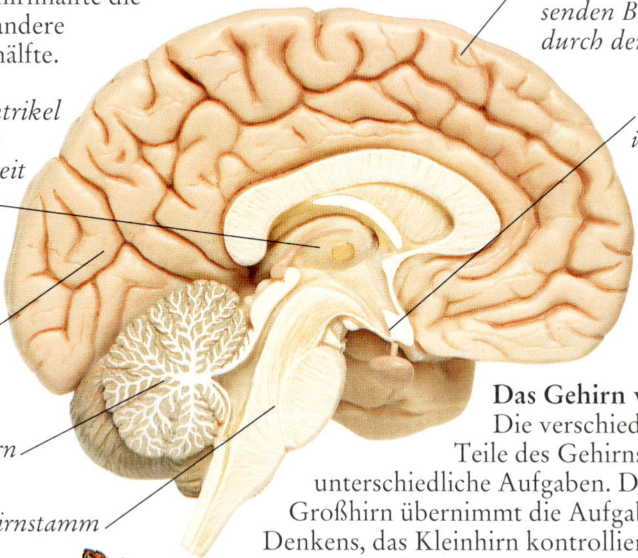

Das Gehirn von innen
Die verschiedenen Teile des Gehirns haben unterschiedliche Aufgaben. Dein Großhirn übernimmt die Aufgabe des Denkens, das Kleinhirn kontrolliert die Muskeln und das Gleichgewicht. Der Gehirnstamm kontrolliert automatische Handlungen wie das Atmen.

Aufgefaltetes Gehirn
Verglichen mit der Größe mancher Tiere hast du ein großes Gehirn. Der graue Teil des Gehirns ist gefaltet, damit er in deinen Schädel paßt. Würde man ihn auffalten, wäre er so lang wie ein Bügelbrett!

Schlaf

Schlaf ist wichtig für dein Gehirn – es muß sich von der Arbeit des Tages erholen. Tiefschlafphasen wechseln sich im 90-Minuten-Rhythmus mit Phasen ab, in denen man nur oberflächlich schläft. Nur im Tiefschlaf kann sich das Gehirn richtig entspannen.

Du kannst bis zu fünf oder sechs Träume in der Nacht haben.

Das denkende Gehirn

Die verschiedenen Bereiche des Großhirns sind verantwortlich für unterschiedliche Aufgaben. Einige empfangen Botschaften von deinen Sinnesorganen; andere senden Botschaften an deine Muskeln. Das Großhirn speichert auch Informationen. Schließ einmal das Buch und sieh, ob du dich erinnern kannst, was die Kinder tun!

Das Bewegungszentrum kontrolliert die Muskeln.

Das Berührungszentrum erhält Botschaften der Hautnerven.

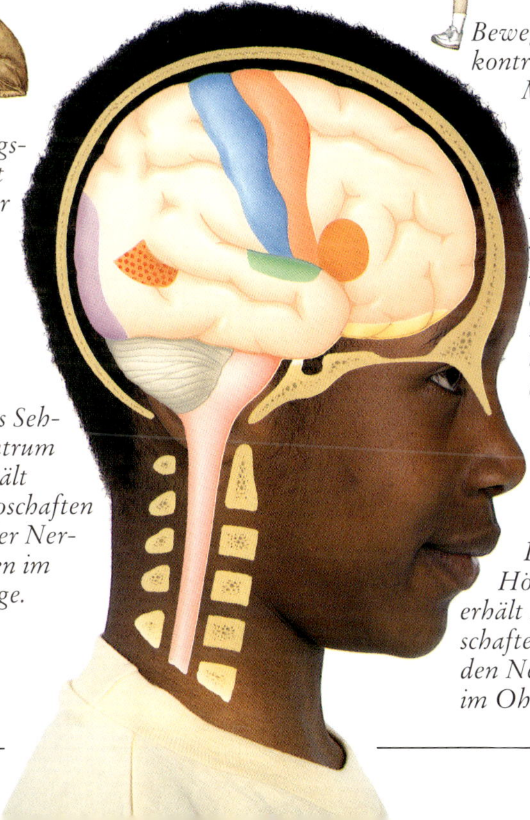

Das Geschmackszentrum erhält Botschaften von der Zunge.

Das Sehzentrum erhält Boschaften der Nerven im Auge.

Das Hörzentrum erhält Botschaften von den Nerven im Ohr.

Netzwerk der Nerven

Die Nervenstränge, die durch deinen Körper gehen, sind zusammengenommen etwa 75 Kilometer lang. Wie die Telefonkabel übermitteln sie Botschaften von der Wirbelsäule und dem Körper an dein Gehirn. Das geschieht durch kleine elektrische Signale.

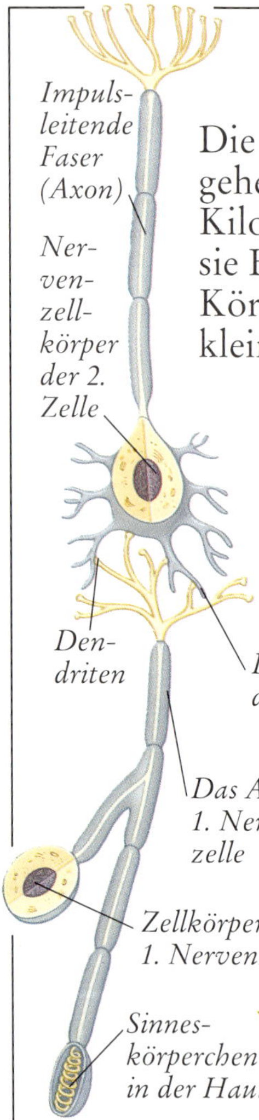

Weitergabe von Signalen
Eine Nervenzelle steht durch ihre Dendriten in Kontakt mit vielen anderen Zellen. Nervensignale wandern an den Dendriten entlang, überspringen die winzigen Spalten zur Nervenzelle und werden durch ihre impulsleitende Faser zu anderen Nervenzellen weitergeleitet.

Automatische Handlung
Wenn du dich in den Finger stichst, zuckt deine Hand zurück. Diese Reaktion nennt man einen Reflex. Damit diese Reaktion so schnell wie möglich erfolgen kann, wandert das Nervensignal direkt über die Wirbelsäule zu deinen Muskeln.

Im Innern einer Nervenzelle
Eine Nervenzelle besitzt wie die anderen Zellen in deinem Körper ein Kontrollzentrum, den Zellkern. Vom Zellkörper gehen mehrere Äste ab. Das lange, dünne Axon trägt die Boschaft weiter, die weit verzweigten Dendriten bringen Informationen in die Zelle hinein.

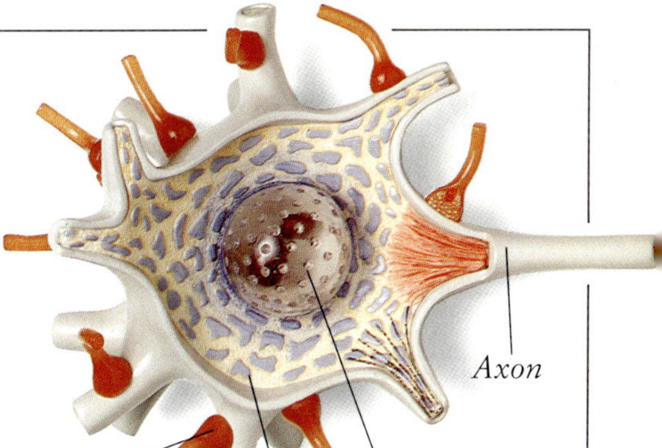

Reflex im Fuß eines Babys
Wenn du mit deinem Finger über den Fuß eines Babys streichst, wird es seine Zehen krümmen. Dieser Reflex verschwindet, wenn es älter wird.

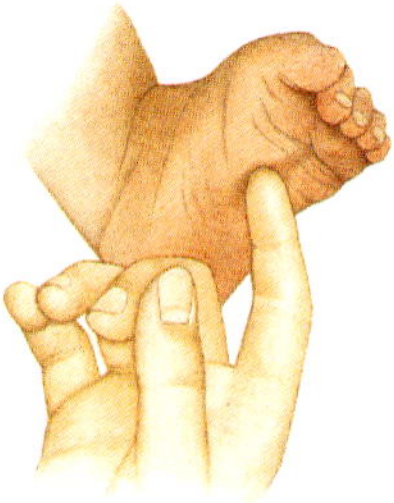

Ärzte testen die Reflexe eines Neugeborenen.

Eingeschlafene Füße
Wenn du deine Beine zu lange übereinander schlägst, fangen sie an zu kribbeln. Wenn ein Nerv gedrückt wird, kann er nicht richtig arbeiten – der Nerv sendet dann ein Signal, das dir sagt, daß du dich bewegen sollst.

Dein Bein schlägt bestimmt aus. Es ist sehr schwierig, diesen Reflex zu unterdrükken!

Reflexe testen
Ärzte haben eine besondere Methode, um zu testen, ob deine Nerven richtig arbeiten. Versuch es selbst! Setz dich mit übergeschlagenen Beinen auf einen Stuhl. Laß einen Freund mit der Kante seiner Hand gegen das übergeschlagene Bein direkt unter der Kniescheibe schlagen. Was passiert?

Hormone

Ist dir schon einmal aufgefallen, daß dein Herz viel schneller schlägt, wenn du dich erschreckt hast? Dafür sorgt dein Hormonsystem! Bestimmte Organe, die Drüsen, setzen Hormone im Blut frei. Diese Hormone übermitteln den anderen Organen in deinem Körper bestimmte Informationen.

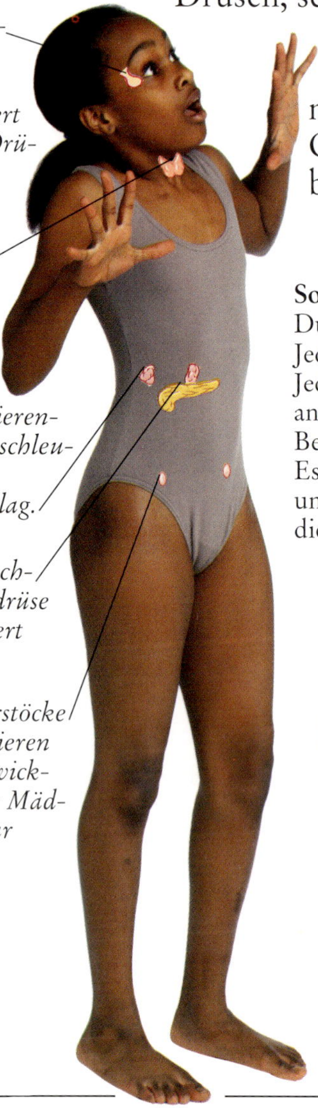

Die Hirnanhangdrüse kontrolliert andere Drüsen.

Schilddrüse

Die Nebennierendrüse beschleunigt den Herzschlag.

Die Bauchspeicheldrüse produziert Insulin.

Die Eierstöcke kontrollieren die Entwicklung des Mädchens zur Frau.

So wirken die Hormone
Du hast viele Hormondrüsen. Jede produziert ein anderes Hormon. Jedes Hormon wirkt auf einen anderen Körperteil. Adrenalin zum Beispiel entsteht in den Nebennieren. Es läßt dein Herz schneller schlagen, und in einem Notfall veranlaßt es dich, schnell zu handeln.

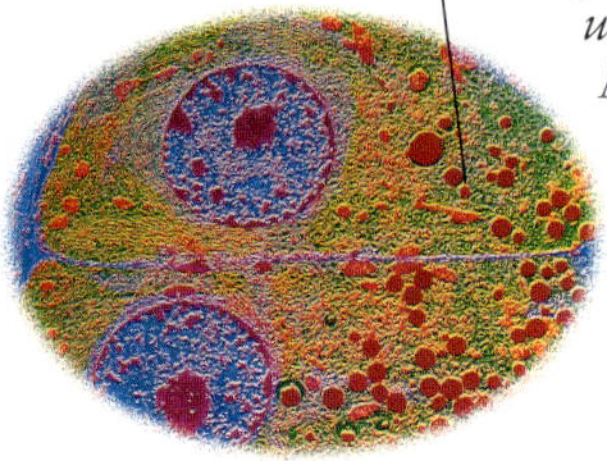

Zellen der Bauchspeicheldrüse unter einem Mikroskop.

Hormonproduzenten
Die Zellen in deiner Bauchspeicheldrüse produzieren das Hormon Insulin. Insulin kontrolliert den Zuckerspiegel in deinem Blut. Bei den Diabetikern arbeiten diese Zellen nicht richtig.

Abfallverwertung

Deine Nieren filtern die Abfallstoffe aus dem Blut. Sie bilden den Urin, der den Körper verläßt, wenn du zur Toilette gehst. Ein bestimmtes Hormon aus der Hirnanhangdrüse (Hypophyse) kontrolliert die Flüssigkeitsmenge, die deine Nieren produzieren.

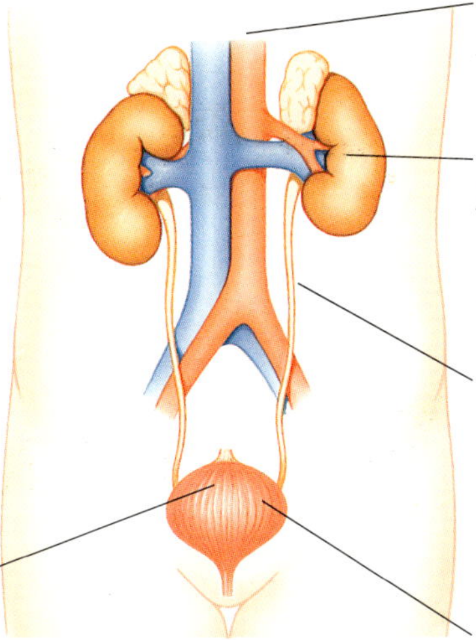

Erwachsenwerden

Wenn ein Junge erwachsen wird, produzieren seine Hoden mehr von dem Hormon Testosteron. Dieses Hormon kontrolliert nicht nur die Produktion von Sperma, sondern sorgt auch dafür, daß der Bart wächst.

Ein Junge hat sehr feine Haare im Gesicht.

Ein Mann hat dicke Barthaare.

Krankheiten bekämpfen

Deine Thymusdrüse liegt genau vor deinem Herzen. Sie ist wichtig für die Bekämpfung von Krankheiten, weil sie die weißen Blutkörperchen veranlaßt, eindringende Bakterien und Viren zu erkennen und zu bekämpfen. Die Thymusdrüse ist besonders aktiv, wenn du noch klein bist; später wird sie immer unwichtiger.

Kampf um die Gesundheit

Überall um dich herum gibt es winzige Bakterien und Viren, die man nicht sehen kann. Sie fliegen in der Luft herum, sitzen auf Nahrungsmitteln und leben sogar auf deiner Haut. Wie kannst du dabei gesund bleiben? Du bist durch eine Armee von Zellen in deinem Blut und in deinem Lymphsystem geschützt, die die Krankheitskeime bekämpfen.

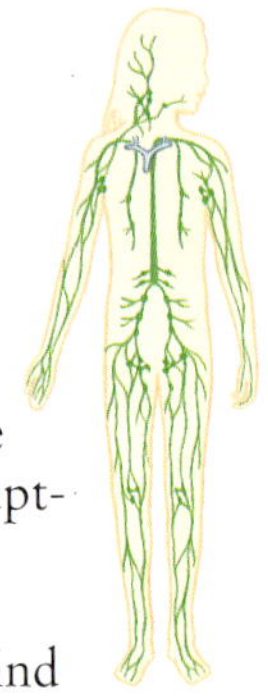

Lymphe
Die Hauptkämpfer gegen Keime sind die weißen Blutkörperchen. Sie leben in der Lymphe, einer Flüssigkeit, die durch ein Netzwerk von Lymphröhren und -drüsen fließt.

Husten und Schnupfen
Wenn du eine Erkältung hast, hustest du jedesmal viele Millionen von kleinen Keimen aus. Diese können von anderen Menschen eingeatmet werden. So wird eine Krankheit übertragen.

Achte darauf, daß du die Keime im Taschentuch auffängst!

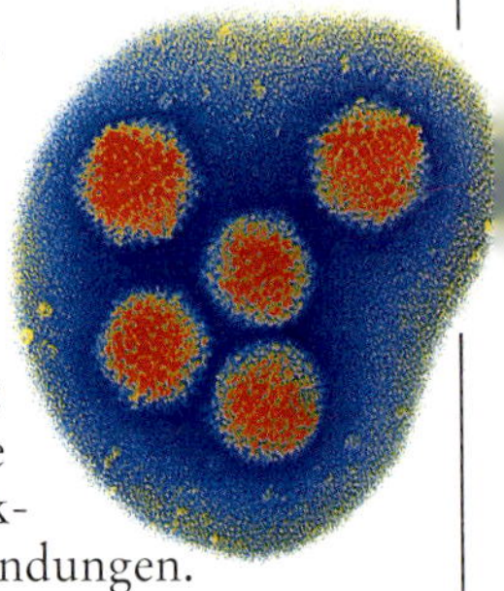

Unsichtbare Eindringlinge
Diese winzigen Keime nennt man Bakterien. Verschiedene Bakterien verursachen Krankheiten wie z.B. Mandelentzündungen. Ein Virus ist ein noch kleinerer Keim; er ist verantwortlich für Erkältungen, Windpocken und viele andere Krankheiten.

Keime essen
Am leichtesten gelangen die Keime über den Mund in den Körper. Säuren und andere Stoffe in deinem Magen töten sie gewöhnlich ab – doch manchmal sind es einfach zu viele. Die Keime vermehren sich im Darm und rufen zum Beispiel eine Lebensmittelvergiftung hervor.

Wenn man Essen mit jemandem teilt, werden Keime übertragen.

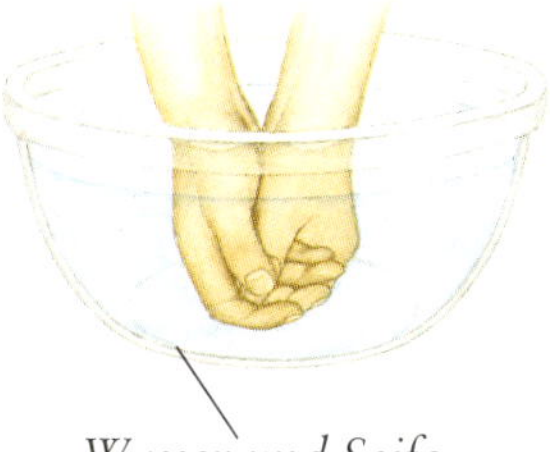

Wasser und Seife entfernen Schmutz und Keime.

»Hand«-liche Keime
Viele der Dinge, die du jeden Tag berührst, sind voller Keime. Wenn du deine Finger ableckst, schluckst du die Keime mit hinunter. Daher wasch dir regelmäßig die Hände, besonders vor dem Essen.

Hygiene
Achte darauf, daß du Nahrungsmittel abdeckst. Fliegen und andere Insekten verbreiten Keime – eine Fliege, die auf deinem Abendessen herumspaziert, hat vielleicht gerade vorher auf Hundekot gesessen. Und bevor die Fliegen Nahrung aufnehmen, erbrechen sie sich darauf, um sie weicher zu machen!

Kommunikation

Wir machen uns durch Reden, aber auch durch Körpersprache verständlich. Wenn du mit Freunden zusammen bist, dann versuche einmal, plötzlich sehr erstaunt auszusehen, und deute in die Ferne. Dein Freund wird auch dorthin sehen! Das ist die Macht der Zeichen und Gesten. Beobachte, wie Menschen sich unterhalten, ihre Mimik, ihre Gesten und ihrer Körpersprache.

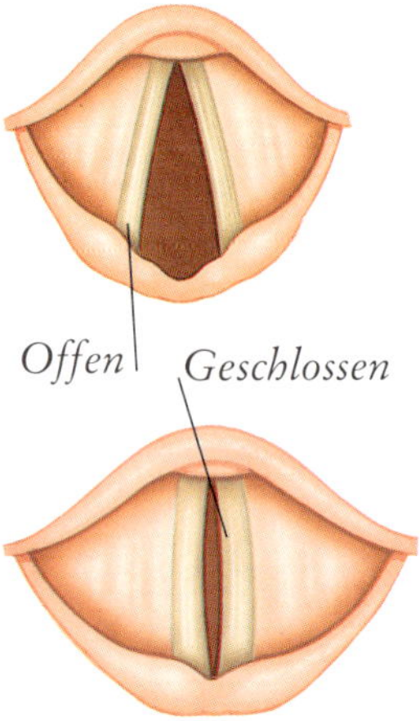

Stimmbänder
Diese beiden Klappen befinden sich am oberen Ende deiner Luftröhre. Wenn Luft an ihnen vorüberfließt, vibrieren sie und machen Töne.

Weiter, warte, komm
Wenn du spielst, machst du Zeichen und Gesten mit deinem Gesicht, den Armen und Händen. So lernst du schon sehr früh, anderen mitzuteilen, was du denkst und möchtest.

Hochgezogene Augenbrauen bedeuten Erstaunen.

Versuch einmal, dieses Schnurspiel zu spielen, ohne dabei zu sprechen – das ist gar nicht so einfach!

Nimm ein Stück Seil oder Wolle für dieses Spiel.

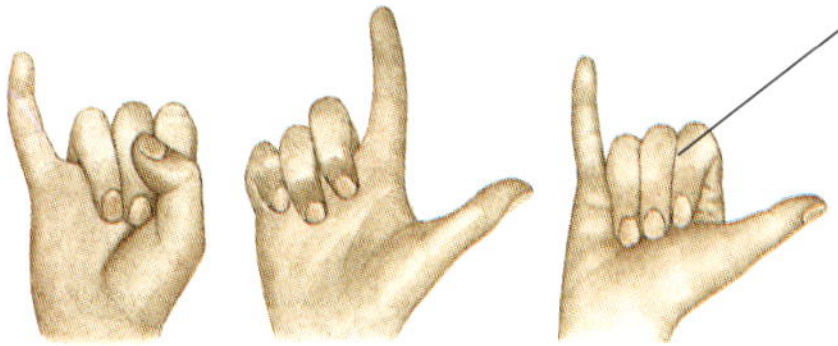

Ich *liebe* *dich*

Jedes Zeichen bedeutet ein Wort oder einen Buchstaben. Diese Handzeichen heißen: »Ich liebe dich!«

Zeichensprache
Menschen, die nicht hören können, verwenden eine besondere Zeichensprache, um sich zu verständigen. Probiere diese Zeichen einmal aus und sieh, ob deine Freunde dich verstehen.

Schattenhaft
Kannst du diese Person in diesem Buch finden? Vielleicht erkennst du sie an der Körpersprache. Es ist erstaunlich, an was dein Gehirn sich erinnert.

Ein Arm um die Schulter gelegt, bedeutet Zuneigung oder Mitleid.

Ein verstecktes Gesicht bedeutet Traurigkeit.

Ein lächelndes Gesicht bedeutet Fröhlichkeit.

Stumme Botschaften
Oft kannst du deine Gefühle ganz ohne Worte ausdrücken. Wenn du die Hand auf deinen Mund legst und erstaunt dreinblickst, können deine Augen immer noch »lächeln«. Wir verlassen uns auf die Körpersprache, um einander zu verstehen. Kannst du die Stimmung dieser Kinder erraten? Der Junge hält seine Augen auf den Ball gerichtet.

Die Augen und das Sehen

Von allen deinen Sinnesorganen empfangen die Augen die meisten Informationen über die Welt um dich herum. Sie können Formen und Farben, Helligkeit und Schatten unterscheiden. Schließ einmal die Augen und versuche, durch eure Wohnung zu gehen. Nun »siehst« du, wie sehr du deine Augen brauchst.

Augenfarbe
Sieh dir deine Augen im Spiegel an. Welche Farbe haben sie? Nicht das ganze Auge hat diese Farbe, sondern nur der Muskel um den Augenring, die Iris.

So kannst du sehen
Lichtstrahlen fallen durch die Hornhaut. Die Linse bündelt die Strahlen. Sie fallen durch den Augapfel auf die Netzhaut. Die Netzhaut verwandelt das Muster der Lichtstrahlen in Nervensignale, die zum Gehirn wandern.

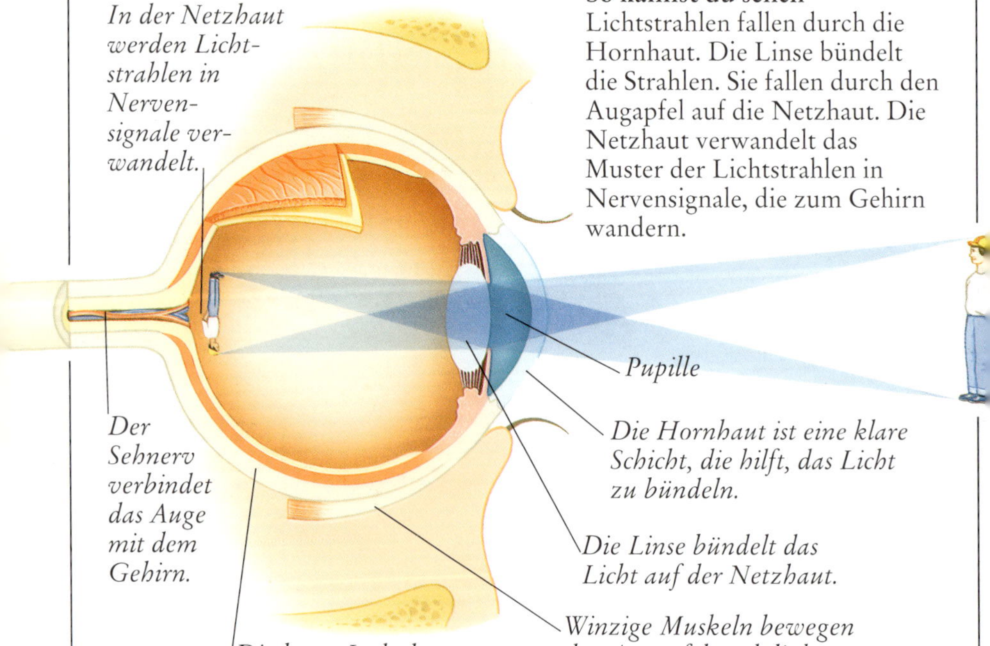

In der Netzhaut werden Lichtstrahlen in Nervensignale verwandelt.

Pupille

Die Hornhaut ist eine klare Schicht, die hilft, das Licht zu bündeln.

Der Sehnerv verbindet das Auge mit dem Gehirn.

Die Linse bündelt das Licht auf der Netzhaut.

Die harte Lederhaut bedeckt das ganze Auge.

Winzige Muskeln bewegen den Augapfel nach links, rechts, oben oder unten.

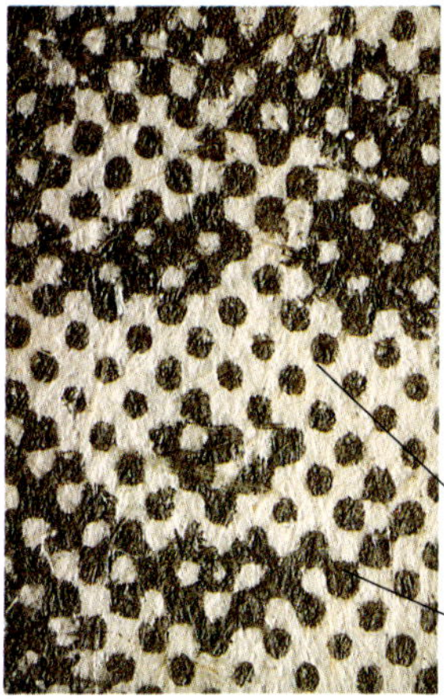

Verbinde die Punkte

Sieh dir einmal eine Fotografie in der Zeitung unter einem Vergrößerungsglas an – das Foto besteht aus winzigen schwarzen Tintenpunkten. Wenn dein Auge die Einzelheiten nicht erkennen kann, verbindet es die Punkte. Die Bilder in diesem Buch bestehen auch aus Tintenpunkten in vier Farben.

Weiße Bereiche haben kaum schwarze Tintenpunkte.

Schwarze Bereiche sind fast vollständig mit schwarzen Tintenpunkten ausgefüllt.

Halte deinen Finger in gleicher Höhe mit einem Freund oder einem Baum in der Ferne.

Dein dominantes Auge hilft dir, Winkel und Entfernungen abzuschätzen.

Das dominante Auge

Eines deiner Augen ist verantwortlich für das andere. Dies ist das dominante Auge. Finde heraus, welches das bei dir ist, indem du deinen Finger in eine Linie mit einem weit entfernten Gegenstand bringst. Nun decke deine Augen abwechselnd ab. Bei einem deiner Augen scheint dein Finger zu springen! Das Auge, das dann abgedeckt ist, ist dein dominantes Auge.

Linsendefekte

Kurzsichtige Menschen können weit entfernte Dinge nicht klar erkennen. Weitsichtige Menschen sehen nahe Dinge verschwommen. Das passiert, wenn der Augapfel zu lang oder zu kurz oder die Linse nicht elastisch genug ist und die Entfernung zum Brennpunkt der Linse nicht stimmt. Brillen oder Kontaktlinsen beheben das Problem.

Kurzsichtig

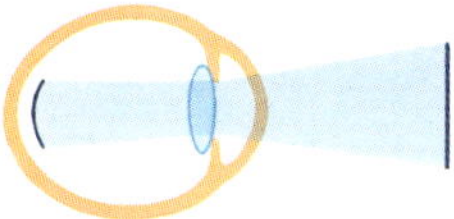

Die Linse wirft das Bild vor die Netzhaut.

Weitsichtig

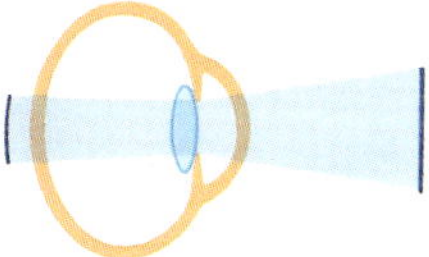

Die Linse wirft das Bild hinter die Netzhaut.

Die Ohren und das Hören

Schließ die Augen und bitte einen Freund, in die Hände zu klatschen. Kannst du sagen, aus welcher Richtung das Klatschen kommt? Dein Ohr kann nicht nur erkennen, woher Geräusche kommen, es kann sie auch unterscheiden, vom tiefen Brummen bis zum hohen Quietschen, vom leisen Surren bis zum lauten Knall, von schrecklichem Lärm bis zu schöner Musik.

Drehungen
Die Bogengänge tief im Innern deines Ohres helfen dir, das Gleichgewicht zu halten. Du kannst dich schnell drehen, ohne hinzufallen.

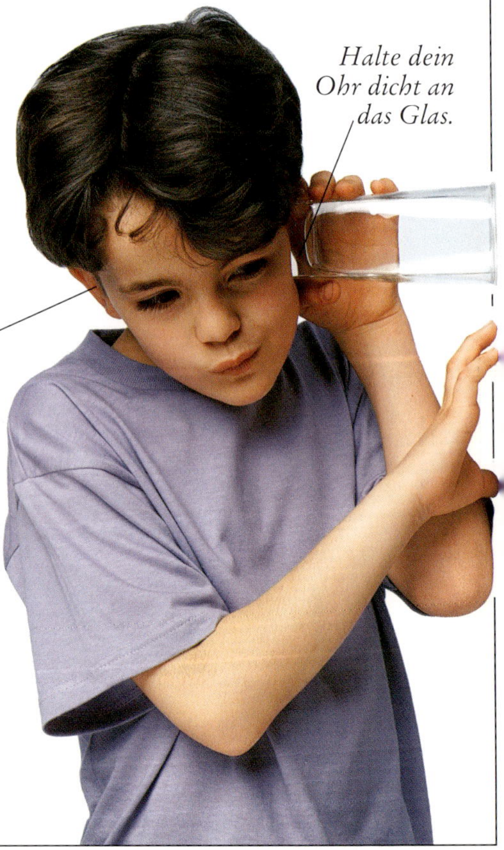

Halte dein Ohr dicht an das Glas.

Die äußeren Teile des Ohres sind wie eine Muschel geformt.

Was sind Geräusche?
Halte ein Glas gegen eine Wand. Kannst du die Geräusche aus dem Nebenzimmer hören? Geräusche sind Schwingungen. Wir hören diese Schwingungen, wenn sie durch die Luft wandern. Deine Ohren nehmen sie als Schallwellen auf. Aber Schallwellen können auch durch feste Gegenstände dringen. Wenn sie durch ein Glas (Rohr) gebündelt werden, kannst du sie besser hören.

Im Innern deines Ohres

Nur den äußeren Teil deines Ohres kannst du sehen. Die Ohrmuschel leitet die Schallwellen in einen kleinen Tunnel, den Gehörgang. Durch ihn dringen sie bis zum inneren Ohr vor. Dort werden sie in Nervensignale umgewandelt und zum Gehirn weitergeleitet.

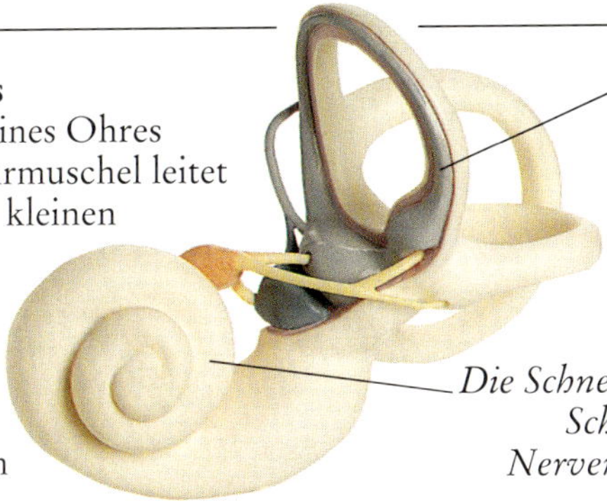

Der Bogengang hilft, das Gleichgewicht zu halten.

Die Schnecke wandelt Schallwellen in Nervensignale um.

Höre dich selbst

Wenn du kaust oder redest, empfängt dein Innenohr nicht nur aus der Luft Schallwellen, sondern auch über die Knochen in deinem Kopf. Darum klingst du so ganz anders, wenn du dich auf Tonband hörst.

Nimm dich einmal auf Tonband auf, wenn du ein Instrument spielst.

Laut oder leise?

Mit dem Alter werden die Ohren gewöhnlich weniger empfindlich. Was für einen jungen Menschen laut ist, kann für ältere Menschen fast zu leise sein.

Wie laut ist laut?

Deine Ohren können verschiedene Geräusche aufnehmen, laute, wie eine Maschine, und leise, wie ein Flüstern. Wissenschaftler messen die Lautstärke in Dezibel (dB). Geräusche, die lauter sind als 90-100 dB, können schädlich für deine Ohren sein.

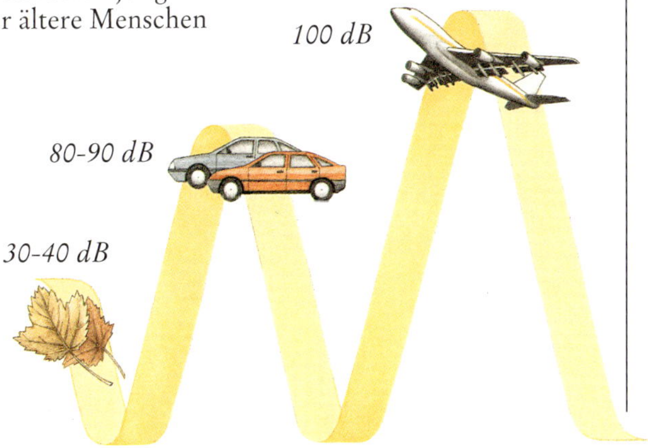

Die Zunge und der Geschmack

Kannst du dich an den Geschmack deines Lieblingsessens erinnern? Und an das Essen, das du gar nicht magst? Dein Geschmackssinn »sitzt« in deiner Zunge. Sie ist von vielen mikroskopisch kleinen, zwiebelförmigen Geschmacksknospen bedeckt. Diese nehmen den Geschmack von Essen und Trinken auf.

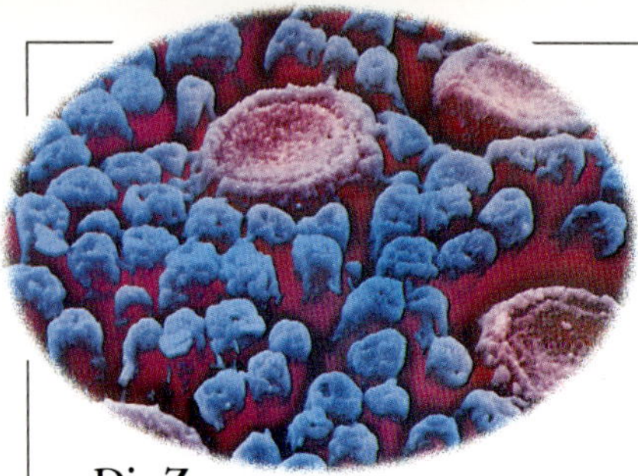

Die Zunge aus der Nähe betrachtet
Dies ist eine Zunge unter dem Mikroskop. Die kleinen blauen Erhebungen bilden eine rauhe Oberfläche, wodurch du besser kauen kannst. An der Seite der großen rosa Erhebungen liegen die Geschmacksknospen.

Vier Geschmacksrichtungen
An Zungenspitze, Zungenseite und Zungenende befinden sich viele Millionen Geschmacksknospen. Verschiedene Bereiche deiner Zunge unterscheiden die vier Grundgeschmacksarten süß, sauer, bitter und salzig.

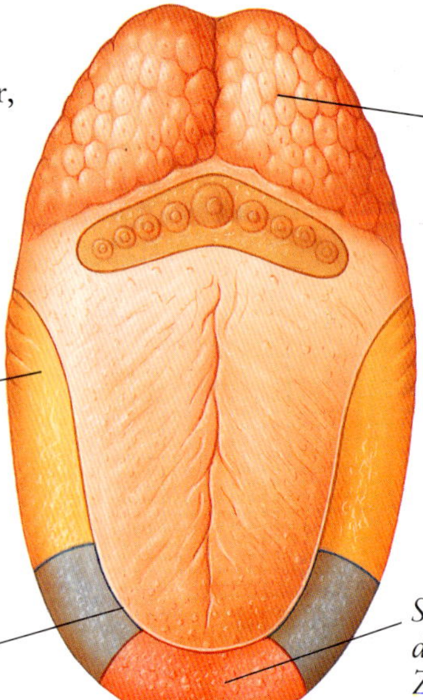

Kaffee ist bitter. Das schmeckst du mit dem Zungenende.

Saures, wie Zitronensaft, schmeckst du mit dem mittleren Teil deiner Zunge.

Die Seiten deiner Zunge entdecken das Salz im Essen.

Süßes schmeckst du mit der Zungenspitze.

Nicht nur schmecken

Deine Zunge kann nicht nur schmecken, sie ist auch ein beweglicher Muskel, der die Nahrung in deinem Mund bewegt, während du ißt. Auch für das Sprechen ist sie unentbehrlich. Zusammen mit den Sinneskörperchen im Innern deines Mundes kann die Zunge fühlen, ob Essen heiß oder kalt, klumpig oder cremig, trocken oder feucht ist.

Die Sinneskörperchen in deiner Zunge warnen dich, wenn das Essen zu heiß oder zu kalt ist.

An heißen Getränken kannst du dich verbrennen!

Der Geschmack ändert sich

Wenn wir älter werden, sterben einige unserer Geschmacksknospen. Ein Baby hat mehr als 10.000, ein älterer Mensch nur noch etwa 5.000. Darum schmecken dir einige Nahrungsmittel strenger als einem Erwachsenen. Also – selbst wenn du jetzt keinen Broccoli magst, schmeckt er dir vielleicht, wenn du älter bist.

Zusammenarbeit

Deine Geschmacks- und Geruchssinne arbeiten oft zusammen. Wenn du eine Erkältung hast und nicht riechen kannst, kannst du oft auch nicht richtig schmecken. Starke Gerüche können deine Geschmacksknospen durcheinanderbringen. Mache einen Geschmackstest. Dazu brauchst du Apfel- und Kartoffelwürfel, ein Stück Zwiebel und einen Schal.

Bitte einen Erwachsenen, die Würfel für dich zu schneiden.

1. Verbinde einem Freund die Augen und gib ihm von den Äpfeln und Kartoffeln. Kann er ihren Geschmack unterscheiden?

2. Jetzt halte ihm das Zwiebelstück unter die Nase. Gib ihm von den Äpfeln und Kartoffeln. Was schmeckt er nun?

Duftendes Baby
Innerhalb von wenigen Stunden erkennt eine Mutter ihr Baby an seinem Geruch.

Die Nase und das Riechen

Was riechst du am liebsten? Wenn Brot gebacken wird? Oder den Duft einer Rose? Deine Nase ist ein sehr empfindliches Organ. Sie hilft dir nicht nur zu atmen, sondern auch Düfte aufzunehmen und zu erkennen. Dein Geruchssinn kann dir das Leben retten, wenn er dich vor übelriechendem Essen warnt, das dich vergiften könnte, oder Rauch entdeckt und dich so vor einem Feuer warnt.

Was sind Gerüche?
Gerüche bestehen aus mikroskopisch kleinen Teilchen, den Molekülen. Sie sind so klein, daß man sie nicht sehen kann.

Die Geruchsmoleküle schweben von der Parfümflasche in die Luft.

So riechst du
Wenn du atmest, werden Gerüche in die Nase gesogen. Sie landen auf bestimmten Geruchshärchen im Innern der Nase. Diese erkennen die Gerüche und senden Signale an dein Gehirn.

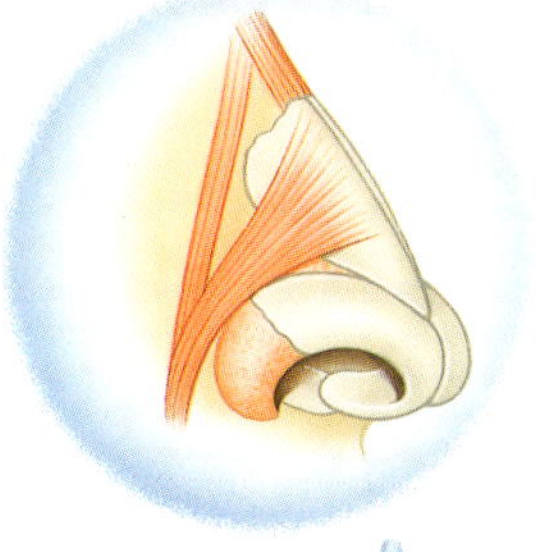

Knorpelige Nase
Versuche einmal, deine Nase zu drücken. Sie fühlt sich zwar knochig an, besteht jedoch aus Knorpel. Muskeln unter der Haut bewegen den Knorpel, so daß du deine Nase zusammendrücken und kräuseln kannst.

Auch das Baby kann seine Mutter riechen!

Schnuppern
Warum riechen bestimmte Dinge strenger, wenn du daran schnupperst? Weil die meiste Luft, wenn du normal einatmest, an deinen Riechepithelien vorbeigeht. Doch wenn du schnupperst, saugst du die Luft hoch, in die Nähe der empfindlichen Riechepithelien.

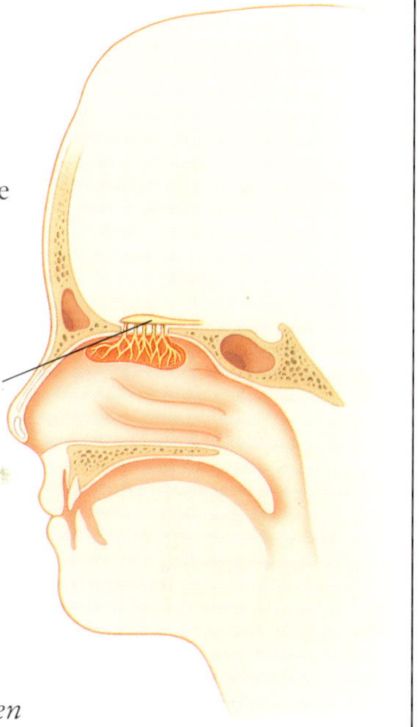

Die Riechepithelien liegen hoch oben in der Nasenhöhle.

Federn in Kissen können Allergien hervorrufen.

Pollen können Heuschnupfen verursachen.

Nasenkitzler
Nicht nur die Geruchsmoleküle schweben in der Luft herum, sondern auch noch viele andere Dinge, wie Staub und Pflanzenpollen. Manche Menschen sind empfindlich oder allergisch dagegen. Ihre Nase beginnt zu jucken und läuft, und sie müssen niesen.

Tierhaare können Allergien hervorrufen.

Berührung

Deine Haut ist das größte Sinnesorgan in deinem Körper. Du setzt es ein, um deine Umwelt zu erfühlen. Die vielen Millionen Sinneszellen, die überall auf ihr verteilt sind, ermöglichen es dir. Sie sagen dir, ob dein Schuh drückt oder ob eine Fliege auf deinem Gesicht landet.

Hilfreicher Schmerz
Schmerz tut weh, aber er hilft auch. Er warnt dich, wenn etwas nicht stimmt, und sagt dir, daß du weggehen sollst.

Berührungstest
Wie viel kannst du durch Berührung erkennen? Finde es heraus! Schneide zuerst einige handflächengroße Löcher in einen Karton.

Bitte einen Erwachsenen, die Löcher für dich zu schneiden.

Der Tast-Versuch
Nun stelle Dinge, die sich seltsam anfühlen, in den Karton, zum Beispiel kalte Spaghetti und geschälte Weintrauben. Bitte deine Freunde, ohne hinzusehen durch die Löcher zu fassen und zu ertasten, um was es sich handelt. Stimmt das, was sie sagen?

Schneide die Löcher so groß, daß deine Hand hindurchpaßt.

Spaghetti fühlen sich weich und schlüpfrig an.

Weintrauben sind kalt und feucht.

Zucker fühlt sich weich und körnig an.

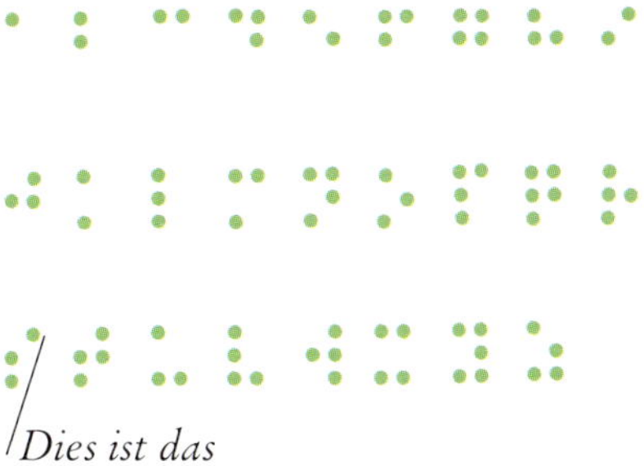

Dies ist das Alphabet in Blindenschrift.

Lesen durch Berührung

Die Haut an den Fingerspitzen ist sehr empfindlich. Sie kann winzige Erhebungen ertasten. Braille-Schrift ist eine Methode, mit der sogar blinde Menschen lesen können. Die Schrift wird in Form von hochstehenden Punkten gedruckt, die die Leser der Blindenschrift mit ihren Fingern ertasten.

Gefühllos

Wenn die Haut lange Zeit durch Strümpfe, einen Gürtel oder eine Armbanduhr zusammengepreßt wird, verliert sie ihre Empfindlichkeit. Du kannst sie kaum noch spüren, und wenn du die Gegenstände abnimmst oder ausziehst, siehst du ihre Abdrücke!

Wie warm ist kalt?

Wenn du etwas Kaltes berührt hast und dann einen Gegenstand mit normaler Temperatur berührst, fühlt er sich warm an. Wie wär's, wenn du mit diesem Experiment deine Empfindungsnerven ein wenig zum Narren hältst?

Vorsicht mit dem Heißwasserhahn! Laß dir von einem Erwachsenen helfen.

1. Fülle drei Becher mit Wasser, einen mit Eiswasser, einen mit heißem Wasser (aber nicht so heiß, daß du dich verbrennst) und einen mit warmem Wasser. Halte eine Minute lang einen Finger jeder Hand in das Eiswasser und das heiße Wasser.

2. Nun stecke beide Finger in das warme Wasser. Wie fühlte sich das Wasser an jedem Finger an? Wiederhole dasselbe Experiment mit zwei Fingern *einer* Hand. Was passiert?

Ein neues Baby!

Wußtest du schon, daß du neun Monate älter bist, als du denkst? Das kommt daher, weil dein Leben neun Monate bevor du geboren wurdest, als winzige Eizelle begonnen hat. Die Eizelle ist im Bauch deiner Mutter herangewachsen. In diesen neun Monaten entwickelte sich die befruchtete Eizelle zu einem Baby.

Dicker Bauch
Die Zeit, in der ein Baby im Mutterleib heranwächst, wird Schwangerschaft genannt. Das wachsende Baby läßt den Bauch der Mutter immer dicker werden!

Vereinigung
Ein Baby entsteht, wenn eine kaulquappenförmige Samenzelle des Vaters sich mit einer Eizelle der Mutter verbindet. Man nennt das Befruchtung. Das Ei teilt sich in zwei Hälften, dann in vier und so weiter. Es nistet sich in der Gebärmutter der Mutter ein.

Im Innern der Gebärmutter
In dem befruchteten Ei befinden sich die sogenannten Gene. Sie bestimmen, wie das Baby aussehen wird. Jeder Mensch hat Gene vom Vater und auch von der Mutter. Die Gene bestimmen die Augen- und Haarfarbe und viele andere Merkmale.

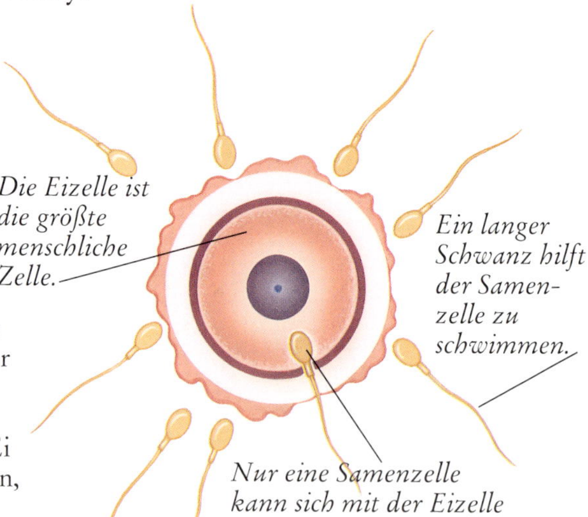

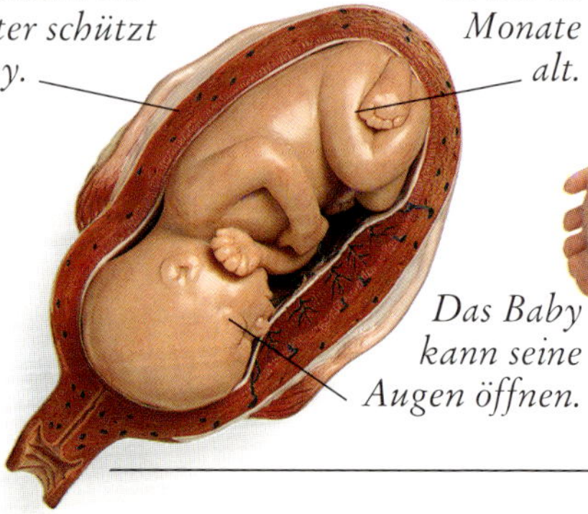

Zwillinge
Manchmal bekommt eine Mutter zwei Babys auf einmal. Das sind dann Zwillinge. Wenn die Babys sich aus derselben Eizelle entwickelt haben, sehen sie genau gleich aus.

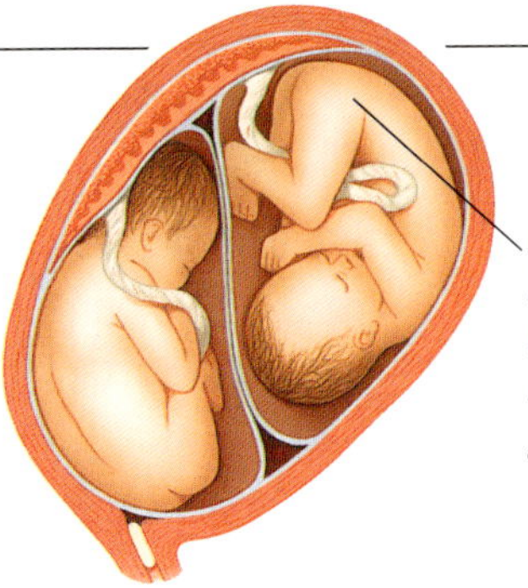

Diese Zwillinge haben sich aus zwei Eizellen entwickelt – sie werden nicht gleich aussehen.

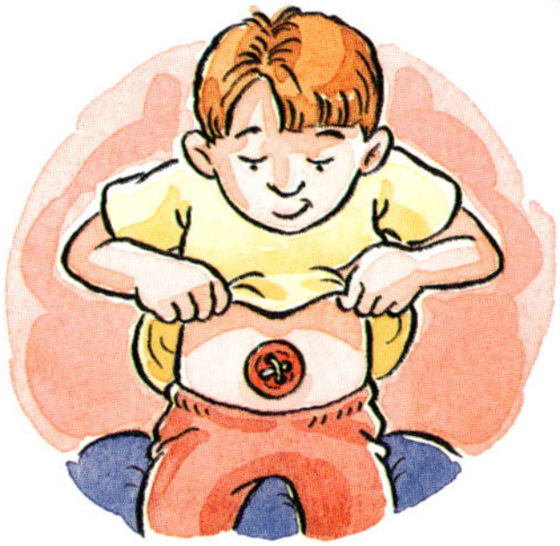

Die Lebensader des Babys
Ein wachsendes Baby braucht viel Nahrung. Die bekommt es durch einen Schlauch, den man die Nabelschnur nennt, aus dem Blut seiner Mutter. Als du geboren wurdest, ist deine Nabelschnur vertrocknet und abgefallen. Sie hat eine kleine Narbe hinterlassen, den Bauchnabel.

Schnell wachsen
Ein Baby ist nicht so hilflos, wie es aussieht. Viele Reflexe helfen ihm zu überleben. Durch Schreien sagt es seiner Mutter zum Beispiel, daß es Hunger oder Durst hat. Seine Finger sind stark. Und sogar das kleinste Baby erkennt schon nach kurzer Zeit die Gesichter und Stimmen in seinem Umfeld.

Beobachten und zuhören ist sehr lehrreich für das Baby.

Es strampelt, um Bewegungen zu üben.

Erwachsenwerden

Kannst du dich an die Zeit erinnern, als du noch klein warst? Die Erwachsenen wirkten so riesig! Während der Kindheit wächst dein Körper sehr schnell, besonders in den ersten zwei Jahren. Wenn du etwa 11 Jahre alt bist, verändert sich dein Körper, und du beginnst, ein Erwachsener zu werden. Man nennt das Pubertät.

Etwas über das Leben lernen
Wenn du erwachsen wirst, verändert sich nicht nur dein Körper. Kannst du dich noch daran erinnern, wie du laufen gelernt hast? Wenn du größer wirst, lernst du immer mehr Fähigkeiten. Es gibt immer etwas Neues zu lernen, zum Beispiel Fahrradfahren oder Klavierspielen!

Der ältere Junge kann mit dem Jo-Jo umgehen.

Das ältere Mädchen kann die Bauklötze aufeinander stellen und einen Turm bauen.

Das Baby lernt, die Klötze aufzunehmen.

Zeichne doch ab jetzt an jedem Geburtstag deine Hand in dein Körperbuch ab!

Fester Griff
Babys können mit ihren Fingern sehr fest zupacken. Schon bald lernen sie auch, Sachen festzuhalten!

Wachstumsführer
Wenn dein Körper wächst, verändert er sich in vieler Hinsicht. Lege deine Hand einmal neben die eines Babys. Dann vergleiche die beiden mit der eines Erwachsenen. Wer hat die längsten Finger im Vergleich zur Handfläche?

Eine Siebenjährige hat etwa drei Viertel ihrer vollen Größe erreicht.

Steh gerade, wenn du gemessen wirst.

Größer und größer
Miß deine Freunde und markiere ihre Größe auf einer Meßlatte. Wer ist der Größte? Sind seine oder ihre Eltern auch groß? Wenn du Brüder und Schwestern hast, könntest du eine Familienkarte anlegen und sie jedes Jahr auf den neuesten Stand bringen. Wann wächst du am schnellsten? Wann hörst du auf zu wachsen?

Register

Kruste (Heilende Wunde)

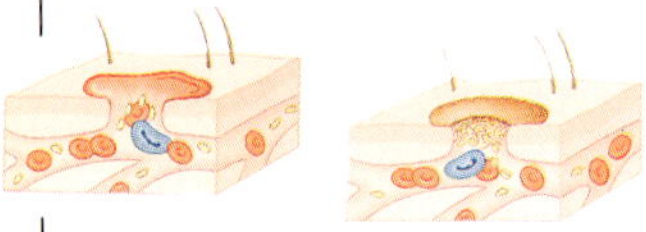

Schnupperndes Baby

Grimassen schneiden

So stark ist ein Haar

Geschmacksknospen

Gebiß eines Erwachsenen

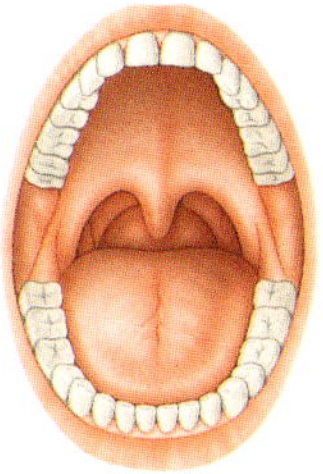

Danksagung

Dorling Kindersley dankt
Ilona Stevenson und den Kindern der St. Mary Abbots Schule, Kensington, London, besonders Daniel Andrew, Dean Atta, Mimi Berchie, Francisco Jimenez-Rands, Terri Jones, Myles Morson, Alison Owen, Mariam Sheikh, Damaris Taylor, Jessica Whiteman, Snezana und Sasa Zivojinovic, Darren Coyler und Gemma Ching-a-Sue fürs Modellstehen.
Mark Haygarth und Susan St. Louis für die Hilfe bei der grafischen Gestaltung.
Andy Crawford für die Fotografien.
Sharon Grant für ihre Hilfe in der Anfangsphase des Buches.
Diana Morris für ihre Suche nach Fotografien.
Tammy Girl für die Kinderkleidung.

Illustrationen
Julie Anderson, Michael Courtney, Nick Hall.

Bildnachweise
o = oben, u = unten, M = Mitte, l = links, r = rechts
Susanna Price: 31 or.
Science Photo Library: 27M, 42ur; / Chris Bjornberg: 23M; / CNRI 19o, 20 ur, 40ur; / Martin Dohrn 47o; / Don Fawcett 21o; / Francis Leroy, Biocosmos 24M.
Zefa: 12o.